Lupita
Une étrange invitée

Michèle Abramoff

Lupita
Une étrange invitée
Roman

LE LYS BLEU
ÉDITIONS

1

À neuf heures cinquante, la fratrie Ballestier au complet était réunie dans l'antichambre du notaire : Philippe, l'aîné, quarante-trois ans. Sa sœur Hélène, conçue dans la foulée et qui n'avait que seize mois de différence avec lui. Et puis Antoine, arrivé par surprise une douzaine d'années plus tard.

Tous trois étaient assis sur le banc qui courait le long du mur, à quelque distance les uns des autres, silencieux. À l'enterrement de leur mère, ils se tenaient serrés, Hélène entre ses deux frères, un trio soudé. Ils avaient pleuré ensemble, partagé leur peine qui était réelle. Mais à présent, dans le secret de ses pensées, chacun supputait le montant de sa part d'héritage, se demandant s'il lui permettrait de résoudre un problème financier préoccupant ou de réaliser un projet qui lui tenait à cœur. Comme le disait leur mère elle-même, il y a un temps pour tout. Un peu de rêve, donc, mêlé à de l'incertitude et à un léger scrupule, moins d'une semaine après sa mort, de songer déjà à ce que leur maman trop tôt disparue leur laissait.

À dix heures pile, un clerc ouvrit une porte et les introduisit dans le bureau de maître Boisard. Le notaire prit la peine de se lever et leur présenta ses condoléances en leur prenant la main avec émotion. C'était un homme autour de quatre-vingts ans, aux rondeurs rassurantes (résultat de beaucoup de repas d'affaires heureusement conclues ou de successions réglées à la satisfaction générale), qui évoluait au milieu des pires imbroglios et des plus épineux désaccords familiaux comme un poisson dans l'eau. L'archétype du notaire à l'ancienne. Il connaissait la famille de longue date, il s'était occupé de la succession du père, décédé huit ans plus tôt, et il était déjà le notaire de leur grand-mère maternelle. C'est dire. Comme il aimait à le rappeler, il avait fait sauter l'aîné sur ses genoux.

Ayant regagné son fauteuil, un imposant fauteuil de cuir capitonné doté de tous les dispositifs nécessaires au confort des vieux messieurs d'une certaine importance, il ouvrit une mince chemise posée devant lui.

— Comme vous le savez sans doute, la fortune de votre mère n'était pas considérable et elle s'est, hélas, sensiblement réduite au fil du temps. Votre maman, une personne ravissante et charmante, n'était pas…

euh… n'a jamais été très économe. Elle aimait les jolies choses, les robes, les bijoux, les voyages… Sa fortune personnelle, surtout depuis le décès de votre père, avait été pas mal écornée. Pour maintenir son train de vie, elle avait dû se défaire d'une partie des valeurs mobilières que lui avaient léguées ses parents, et le reste, mon Dieu, ne rapportait plus grand-chose depuis un moment. De nos jours, avec des taux d'intérêt très bas, quand ils ne sont pas négatifs, il vaut mieux emprunter que prêter, c'est le monde à l'envers…

Il soupira, nostalgique :

— Que voulez-vous, la vie moderne… Mais je vous rassure, tout ne s'est pas envolé : votre maman aura quand même eu la sagesse de conserver sa belle demeure.

Effectivement, se rappelaient les héritiers, à la mort de leur père, renonçant à l'usufruit, leur mère avait abandonné le grand appartement familial du septième arrondissement de Paris inclus dans la succession et, âgée de soixante et un ans à l'époque, s'était repliée dans la villa d'Antibes que lui avait léguée sa propre mère. En leur for intérieur, les deux aînés se félicitaient : ils avaient eu le nez fin d'employer leur part de l'héritage paternel à l'achat de leurs appartements respectifs.

— Une villa en bord de mer, continuait le notaire, accédant presque directement à la plage, il n'y a que le chemin littoral à traverser, un petit coin de sable isolé, une crique entourée de rochers, presque une plage privée…

La fratrie échangea un sourire au souvenir des vacances passées chez leur grand-mère et des tours qu'ils avaient faits sur ce petit coin de plage abrité ou dans la grande villa aux multiples recoins.

— Entendu, il s'agit d'une bâtisse construite vers 1900 et il y aura des travaux à prévoir, mais ceci n'est pas pour faire peur aux acheteurs. Des clients richissimes – des stars, des hommes d'affaires, en majorité étrangers – s'arrachent ce type de bien et ils investissent des fortunes pour les rénover et les décorer à leur goût… qui n'est pas toujours excellent, il faut bien le dire, sourit le notaire, du moins pour ce que j'ai pu en apercevoir. Un agent immobilier de mes amis me racontait qu'un célèbre acteur américain avait investi le double du prix d'achat de sa propriété dans sa rénovation et sa décoration ! Et puis il est parti deux ans après, figurez-vous ! Il en avait assez, ça ne l'amusait plus !

— Il s'était fâché avec sa voisine, conjectura plaisamment Antoine.

— La maison a été revendue à perte, imaginez un peu ! Une excellente opération pour l'acquéreur ! Mais ceci n'est pas notre affaire. Ce qui nous importe aujourd'hui, c'est que votre héritage représente une petite fortune et que les acheteurs se bousculeront…

— La maison de grand-mère n'est pas à vendre ! l'interrompit Hélène d'une voix vibrante.

— Juste pour information, s'enquit placidement son aîné, ça chiffrerait autour de combien ?

— Je ne saurais vous dire, les prix grimpent à toute vitesse. Mais ça peut aller loin. La Côte d'Azur, la situation privilégiée de la maison au Cap Gros, au sud-est de la presqu'île, le voisinage de célébrités… Très loin, sans commune mesure en monnaie constante avec ce qu'avait payé votre grand-mère Solange quand elle avait eu la bonne idée de l'acquérir.

Les héritiers attendaient des précisions, Maître Boisard jeta un coup d'œil sur ses papiers.

— Voyons voir… quatorze pièces… 1200 mètres carrés habitables… un parc, une petite pinède en fait, d'environ 9000 m^2… il est certain que ça représente une certaine valeur.

— Mais encore ? le pressa Philippe.

— Je ne voudrais pas vous donner de faux espoirs, mais il pourrait s'agir d'une belle somme, sans aucun doute une forte belle somme…

— Tant que ça ? ironisa Antoine.

— Soyez-en certains, c'est une intéressante propriété que vous avez là. Un peu plus à l'ouest dans

11

l'Anse de Faux Argent – également nommée, comme vous ne l'ignorez pas, « La Baie des Milliardaires » –, vous auriez pu en espérer encore plus.

— L'Anse de Faux Argent, répéta pensivement Hélène. Maman l'appelait « La Baie des Faux-monnayeurs »…

— Amusant. Votre chère maman avait de l'esprit, un esprit… caustique.

Le notaire conclut sur une note optimiste :

— Ainsi donc, mes chers enfants, vous voilà désormais propriétaires de sa belle maison. Propriétaires indivisaires, s'entend.

— Ça signifie quoi au juste ? s'inquiéta Philippe.

— Que la maison vous appartient à parts égales à tous les trois *en indivision*. Ce qui veut dire qu'aucun de vous ne peut disposer de sa part sans l'accord des deux autres.

— Je sais, Maître, ce qu'est l'indivision. Mais qu'est-ce que ça recouvre exactement ?

— Ouh la… Ouh là là… s'exclama maître Boisard en levant et en laissant retomber ses bras dans un ample geste fataliste, alors là, les enfants, ça dépend, ça dépend…

— Antoine, mets la table. Aide-moi un peu, s'il te plaît !

— Qu'est-ce qu'on mange ?

— Salade et spaghettis.

Depuis une semaine qu'ils étaient là, ils vivaient pratiquement dans la cuisine. Deux grandes pièces, en fait, construites en contrebas à l'arrière de la maison – on y accédait par trois marches en pierre – en un temps où la domesticité était nombreuse : la cuisine proprement dite et l'office attenant, où ils prenaient leurs repas au bout de la grande table.

— Alice ne reviendra plus ?

— Elle a trouvé un autre emploi. Mais une femme de ménage vient demain nous aider. Je me suis arrangée. Assieds-toi, c'est prêt, ajouta Hélène à l'intention de Philippe qui revenait de faire un tour dans le parc.

— Vous avez vu, dit Antoine, Alice pleurait à l'enterrement. Ça faisait un bout de temps qu'elle s'occupait de maman.

— Neuf ans, dit Hélène. Elle l'avait engagée à son arrivée et elles ne se sont plus quittées. Alice est restée près d'elle jusqu'à la fin. Maman est morte en lui tenant la main.

— Elle n'était pas sur le testament, remarqua Philippe.

— Maman lui avait déjà donné quelque chose. C'est Alice elle-même qui me l'a dit. Probablement pour éviter l'impôt.

— Combien ?

— Philippe ! le reprit Hélène.

— Bah, c'est juste pour savoir.

— Elle lui a donné une toile de Nicolas de Staël que mémé avait achetée dans les années cinquante. Je crois qu'elle le connaissait. Mémé aimait la compagnie des artistes.

— Ben dis donc, siffla Antoine.

— Oh, un petit truc, une petite huile, pas sa meilleure période. D'ailleurs, Alice ne veut pas le vendre, elle préfère le garder comme souvenir.

— C'est pas tout ça, les garçons, mais moi je pars demain. Je dois être au cabinet jeudi matin. Ma secrétaire a reporté mes rendez-vous mais j'ai des patients qui m'attendent.

Hélène était dentiste. Son cabinet était l'un des mieux équipés et des plus réputés de Lyon. Elle avait été élevée à Paris avec ses frères mais elle avait épousé très jeune un banquier lyonnais rencontré au cours d'un voyage. En dépit de leurs efforts, ils n'avaient pas pu avoir d'enfant, apparemment de son fait à elle, et ils avaient divorcé une dizaine d'années plus tard. Hélène était quand même restée sur place où elle avait déjà constitué sa clientèle.

Philippe, l'aîné, avait un diplôme d'ingénieur, mais comme il adorait les voitures, tout autant que son indépendance, au lieu d'entamer une carrière aléatoire dans l'industrie, il avait préféré créer sa propre affaire : il était concessionnaire BMW pour un important

14

secteur de la banlieue ouest de Paris. Lui-même conduisait une berline Série 7. Il habitait le quartier de La Madeleine.

— Moi aussi, dit-il, va falloir que je rentre.

— Et toi, qu'est-ce que tu fais ?

— Je vais peut-être rester ici quelque temps, dit Antoine.

— Tu n'as pas peur de t'ennuyer ? Il ne se passe pas grand-chose au Cap Gros hors saison.

— Je pense que je ferais bien de commencer à chercher un acheteur. Contacter des agences.

Philippe et Hélène échangèrent un coup d'œil entendu. Ils s'y attendaient.

— Nous n'avons pas l'intention de vendre. J'en ai déjà discuté avec ta sœur.

— On garde la maison de mémé, opina celle-ci avec énergie, nous ne sommes pas vendeurs.

Antoine protesta :

— Tiens ! Pour vous c'est facile, ça baigne ! Vous n'avez pas de problèmes. Mais moi j'ai besoin d'argent.

— On en a plein, des problèmes ! corrigea Philippe. On bosse, c'est tout.

— T'as toujours besoin d'argent, soupira Hélène. T'as déjà dilapidé ta part de l'héritage de papa.

— Je ne l'ai pas dilapidée, j'ai vécu avec. Ça file vite.

— Si tu te mettais au boulot sérieusement, le gronda son frère, tu serais pas toujours dans la dèche. – C'est vrai ça, pensait-il, Antoine, il a jamais rien fait d'autre que de glander. D'abord la musique, ce qu'il a pu nous casser les oreilles avec son orchestre ! Les répétitions, les concerts, c'était toujours chez nous que ça se passait parce que c'étaient nos parents qui avaient un appart assez grand. Les histoires qu'ils ont eues avec les voisins à cause du bruit ! Et quand ces petits morveux ont fini par trouver un label, leur disque n'a pas marché et ils se sont séparés. Bye bye les copains, adieu la musique ! Après on a eu droit à la peinture. On fait ça tout seul, la peinture, il disait, on n'a personne pour nous emmerder. Une expo financée par les parents, une seule toile vendue et encore achetée par une amie de maman, et hop, terminé la peinture ! – À trente ans, merde, tu pourrais commencer à te mettre sérieusement au boulot !

— Ton frère a raison, il est temps que tu te décides à suivre une voie.

— Mais je bosse ! Je bosse ! Je suis une voie : j'écris un scénario… Vous croyez que c'est facile d'écrire un scénario ? Pour vous, si on gagne pas plein de thunes en fourguant de grosses bagnoles ou en arrachant les dents…

— Oh, s'offusqua Hélène, je ne te permets pas !

— Pardon, dit Antoine. Tout de même, reprit-il sur un ton objectif, réfléchissez un peu. Une baraque pareille, ça représente des charges énormes, les réparations, l'entretien, le chauffage… sans oublier les taxes qui sont très élevées sur la Côte.

— Les taxes, on les connaît mieux que toi. Depuis cinq ans, c'est ta sœur et moi qui aidions maman à les payer. T'as pas beaucoup participé.

— Mais moi au moins je m'occupais d'elle. J'allais la voir régulièrement et je passais pas en coup de vent. Je restais près d'elle.

— Tiens pardi, tu y passais toutes les vacances ! Deux mois l'été, parfois trois ! Elle t'avait tout le temps sur le dos notre pauvre mère !

— Elle était contente que je sois là. Ça lui faisait plaisir d'avoir de la compagnie. Je l'emmenais se balader, faire ses courses, on sortait, on allait dîner. On se marrait bien tous les deux.

— Ah ouais, elle était gentille, maman, très généreuse. Et puis tu as toujours été son chouchou, elle te passait tout. Le pognon qu'elle a dû te filer en douce, j'ose même pas y penser. J'aime mieux pas savoir !

— Oh ça va, les garçons ! Vous n'allez pas recommencer à vous chamailler.

Hélène attrapa la carafe de vin et remplit leurs verres :

— Allez, on est tous fatigués. On aura tout le temps pour discuter... C'est un Bandol, comment vous le trouvez ? dit-elle après en avoir avalé une gorgée.

— Fameux, apprécièrent les frères d'une seule voix.

Le lendemain matin, Philippe et sa sœur quittèrent la villa en même temps. Malgré sa voiture puissante, à cause de la limitation de vitesse, Philippe devait bien compter huit heures de route jusqu'à Paris. Hélène, dont le trajet était deux fois moins long, serait à Lyon au milieu de l'après-midi.

Elle habitait quai de Tilsitt, au bord de la Saône, à deux pas de la place Bellecour, un appartement spacieux, bien trop grand pour une femme seule. Elle s'y était installée après son divorce. Son mariage avait capoté à cause de cet enfant qu'elle n'avait pas pu avoir. Après quelques années joyeuses, insouciantes, une longue lune de miel pendant laquelle elle avait terminé ses études, Edmond avait commencé à évoquer la question de sa progéniture. Hélène avait arrêté la pilule, mais comme l'enfant souhaité n'arrivait pas, c'en avait été fini de l'insouciance. Ils s'étaient mis à faire l'amour d'une façon appliquée, à date fixe, celles où Hélène était supposée fertile, dûment vérifiées au moyen de calculs Ogino et de prises de température. Ce n'était plus de l'amour, c'était devenu une opération laborieuse. La flamme s'était éteinte. Son mari s'était lassé, elle l'avait senti s'éloigner. Elle, elle était prête à tout, PMA, GPA, adoption (sans le dire, elle aurait même accepté d'élever un enfant qu'il aurait fait à une autre), mais lui, les méthodes artificielles, il ne voulait pas entendre parler. Ça lui paraissait absurde, contre nature. Il avait épousé une belle fille en bonne santé pour qu'elle lui fasse avec les moyens naturels deux ou trois beaux enfants. Faire des enfants, ce n'était pourtant pas compliqué ! Il voulait une vie simple, Edmond, une vie qui allait de soi. Hélène avait compris, ils s'étaient séparés sans trop de peine, ses sentiments à elle aussi s'étaient émoussés.

Elle n'avait que trente-deux ans au moment de son divorce, un remariage était possible, c'était même dans l'ordre des choses mais, allez savoir pourquoi, ça ne s'était pas fait. Il y avait bien eu une tentative, sans trop de conviction, avec un confrère qu'elle avait rencontré dans un colloque, malheureusement l'essai n'avait pas été transformé. Entre eux, ça n'avait été qu'une histoire physique. Ensuite, elle avait eu quelques aventures, si décevantes et si ennuyeuses qu'elle avait fini par se désintéresser de la question. Et la vie avait continué sans que rien de nouveau ne lui arrive. Insensiblement, le malheur s'insinuait.

Le père d'Hélène était mort peu de temps après son divorce. Avec sa part d'héritage, elle avait acheté ce bel appartement trop grand pour elle, avec ses quatre hautes fenêtres donnant sur le fleuve. Elle aimait s'y réveiller le matin, y rentrer le soir après son travail. Elle s'y promenait de pièce en pièce et le long de son interminable couloir. Elle l'arpentait. Bien qu'elle en fût pleinement propriétaire, elle ne le voyait pas comme un bien matériel. Plutôt comme un territoire, un espace qui n'appartenait qu'à elle.

Petit à petit, elle s'était habituée à la solitude, à un état permanent de mélancolie. Le malheur était arrivé et elle n'avait pas lutté contre, elle ne l'avait pas repoussé. Et le malheur s'était attaché à elle. À l'extérieur, c'était une femme active, solide, une chirurgienne-dentiste estimée, réputée pour son savoir-faire et pour sa douceur (une dentiste *qui ne faisait pas mal*), jouissant d'une clientèle régulière et fortunée. Au-dedans, il y avait un vide, un chagrin latent allié à une espèce de détachement, une absence d'espoir. Et maintenant, elle venait de perdre sa mère. Elle ne tenait plus à la vie que par ses deux frères, qu'elle aimait également, et par la grande maison du Cap Gros, *la maison de mémé*, où ils avaient été si heureux et qui leur appartenait désormais. Cette grosse villa 1900 biscornue, anachronique, était pour Hélène comme un pilier qui l'arrimait à la terre.

À Antibes, les nouvelles vont vite. Des dépliants, des brochures d'agents immobiliers commencèrent à affluer dans la boîte aux lettres. Deux ou trois fois,

Antoine remarqua quelqu'un qui allait et venait sur le chemin littoral en essayant de distinguer la maison à travers les branches. Il y eut des coups de téléphone. Après les condoléances d'usage, des agents proposaient de venir le voir, sans engagement de sa part bien entendu, juste pour discuter. « Pour prendre langue », avait dit l'un d'eux avec un fort accent du Midi.

Antoine finit par donner rendez-vous à une femme dont la voix grave et douce lui avait plu. Le jour convenu, depuis la fenêtre d'où il guettait son arrivée, il la vit descendre de voiture – d'abord une paire de longues jambes bronzées – puis traverser le parc d'un pas décidé. La silhouette était élancée, la démarche élégante.

Quand il la vit de près, il la trouva bien pour son âge. Ses cheveux blond platine et ses yeux clairs faisaient un fort contraste avec son bronzage soutenu, bien qu'on ne fût qu'à la fin mars, résultat probable d'une exposition régulière à la lampe UV. Elle ne ressemblait pas à sa voix, c'est trompeur le téléphone. Toute son apparence, sa façon d'être paraissait étudiée : le bon chic bon genre, version Côte d'Azur. Il ne fallait pas qu'elle détonne chez les notaires, dans les bureaux des banquiers, dans les mairies où elle allait consulter le cadastre, ni surtout sur les yachts de ses clients. Les milliardaires ne traitent pas avec n'importe qui. Elle était en tailleur, ce qui apportait une touche de sérieux à l'ensemble. Un instant, Antoine se demanda comment elle était vingt ans plus tôt, avant les cheveux décolorés, avant la lampe UV. Au naturel, elle avait dû être jolie.

Il était quatre heures de l'après-midi.

— Je peux vous offrir quelque chose ? Un thé ? Un porto ?

— Non merci.

Elle s'assit sur le siège qu'il lui proposait en plaçant ses jambes de côté avec décence. Son regard embrassa rapidement le décor du salon et revint se poser sur lui :

— D'abord, permettez-moi de vous renouveler mes condoléances. Je devine combien ce doit être dur pour un jeune homme de perdre sa maman.

Sans s'appesantir, elle se présenta :

— Iris Desclozeaux.

Elle était la directrice de l'agence immobilière, du même nom, qu'elle avait fondée au début du millénaire et qui était bien connue à Antibes. Son agence avait vendu quelques-unes des plus belles propriétés du Cap. Elle cita le nom d'une star américaine, plus deux ou trois autres à la consonance russe ou orientale. Des propriétés d'un prix élevé. Tout en parlant, elle évaluait son interlocuteur comme elle avait sans doute déjà, de son œil professionnel, pendant qu'elle traversait le parc, évalué la maison. Elle déclara qu'elle lui trouvait

22

beaucoup de charme et que sa situation était excellente. C'était son atout principal, sa situation en bord de mer, avec sa pinède et la crique juste en face, ce joli coin de sable encastré dans les rochers.

— En pratique, nous avions la crique pour nous tout seuls, confirma Antoine. C'était comme une plage privée. Personne ne s'y arrêtait jamais.

Elle s'informa :

— Vous êtes le propriétaire de cette maison ?

— Avec mon frère et ma sœur.

C'était une question formelle, elle le savait déjà. Elle avait dû relever cette nouvelle affaire en épluchant la page nécrologique de Nice-Matin où la fratrie avait publié un faire-part de décès.

— Ma grand-mère maternelle l'avait achetée en 1948.

— Et vous envisagez de vous en séparer ? Elle doit avoir pour vous une forte valeur sentimentale.

— En effet.

— Votre frère et votre sœur sont d'accord pour vendre ?

— Bien entendu, mentit Antoine. Naturellement, ça dépendra du prix.

— Vous en demandez combien ?

— Aucune idée. C'est pourquoi nous aimerions avoir une estimation.

— Difficile à dire pour l'instant. Il faudrait voir ça de plus près. L'état général du bâtiment, la toiture, la maçonnerie, les canalisations…

— Les canalisations sont en cuivre, dit Antoine. Nous ignorons les problèmes de robinet.

— Les canalisations anciennes, c'était du solide.

— La maison a été construite en 1904, c'est inscrit dans la pierre, avec le nom de l'architecte. En incluant le rez-de-chaussée, nous disposons de trois étages habitables, quatorze pièces en tout. Plus un vaste grenier et la cave.

Il précisa d'un air gourmand :

— Une bonne cave, plusieurs centaines de bouteilles, dont pas mal de grands crus, nous pourrions même envisager de les abandonner à l'acheteur… Je vous fais faire la visite ?

Elle hésita, puis renonça à l'ascension des escaliers sur ses talons aiguilles.

— Ce n'est pas nécessaire pour l'instant. J'ai déjà une première impression des lieux. Une bonne impression, précisa-t-elle, encourageante. Mais il va falloir faire une expertise.

— D'accord pour l'expertise, acquiesça Antoine. Mais comme ça, à vue de nez, vous pourriez nous donner une idée de sa valeur ? Un ordre de grandeur ?

— À première vue, si le bâtiment est en bon état, je dirais autour de cinq millions. Peut-être plus si l'acheteur a un coup de cœur. Les clients fortunés de la Côte d'Azur ne sont pas très regardants sur le prix quand un bien leur plaît.

En attendant, ce fut le cœur d'Antoine qui bondit. Il avait déjà divisé le montant par trois, calculé sa part. Il se leva :

— Merci d'être venue jusqu'ici, dit-il, maîtrisant son émoi. J'attends votre expert.

Si la vie amoureuse de Philippe Ballestier n'était pas, comme celle de sa sœur, un désert, elle n'était pas pour autant très heureuse. Au début de la quarantaine, il s'était lassé de draguer dans les boîtes. Il était fatigué des bavardages alcoolisés, des slows appliqués (car pour tout arranger il n'aimait pas danser), des relations d'une nuit, des réveils refroidis. Avec une jeune femme inconnue, le peu de temps qu'on passe avec elle, une nuit, parfois un week-end, on est toujours un peu sur ses gardes, on demeure des étrangers l'un pour l'autre. Et trop souvent il vous en reste un goût amer. Alors qu'avec une amie régulière, une « copine » comme disent les jeunes, on peut aller au cinéma, prévoir un dîner, partir quelques jours en vacances. On bavarde, on finit par se faire des confidences, une espèce de confiance s'installe.

Il avait donc tenté une relation suivie. Son amie s'appelait Lizzie, mais son vrai nom était Isabelle Mourier. Lizzie était son nom de guerre. Elle était modèle-photo, spécialisée dans la lingerie et les maillots de bain, les tenues de plage. Ses gracieuses rondeurs et sa petite taille (relativement, car elle mesurait tout de même un mètre soixante-cinq) lui interdisaient les défilés mais c'était un moindre mal car, dans la lingerie, les défilés, quoique très courus et très appréciés des spectateurs-acheteurs, sont moins nombreux que dans la haute couture ou le prêt-à-porter. Elle posait donc pour les catalogues et pour les publicités des magazines ou bien elle faisait de courtes apparitions dans des spots TV. Un métier comme un autre.

Ils se voyaient depuis quelques mois. Lizzie avait conservé le studio qu'elle habitait à Montmartre, dans le quartier des Abbesses, mais elle dormait chez Philippe une ou deux fois par semaine, dans le bel appartement du boulevard Malesherbes, près de l'église de La Madeleine, que, de même que sa sœur à Lyon, il avait acheté huit ans plus tôt grâce à l'héritage de leur père. – Qui donc aujourd'hui peut s'offrir un appartement dans un beau quartier de Paris sinon les émirs et les héritiers ?

Il lui arrivait aussi, quand Philippe l'y invitait, ou bien sans y être formellement invitée, simplement parce qu'elle s'était réveillée là et que c'était samedi, d'y passer tout le week-end. Ces jours-là, ils allaient faire les courses (car il n'y avait jamais grand-chose dans le réfrigérateur de Philippe, c'était un vrai réfrigérateur de célibataire, un homme qui mangeait dehors la plupart du temps ou qui réchauffait un plat tout prêt au micro-ondes) et Lizzie préparait le repas. L'après-midi, Philippe se rendait pour quelques heures à la concession puis, à son retour, ils dînaient dans un bon restaurant du quartier ou se contentaient d'un dîner léger dans la cuisine, comme un vrai couple. Le dimanche, quand il faisait beau, ils allaient faire une promenade aux Tuileries puis Philippe raccompagnait Lizzie jusqu'à sa Clio et lui mettait une bise sur la joue. À bientôt, je t'appelle. Si le temps était mauvais et qu'ils n'avaient pas envie de sortir, ils regardaient un film ou bien un ou deux épisodes d'une série sur Netflix. Après quoi, Philippe s'asseyait à son bureau, sortait un dossier de sa serviette et n'adressait plus la parole à Lizzie. Elle comprenait alors qu'il souhaitait rester seul et qu'elle devait partir.

À quarante-trois ans, avec une belle situation et propriétaire d'un grand appartement (enfin pas tout à fait : si l'héritage paternel avait permis d'en payer une partie, il avait encore quelques années de traites sur le dos), il avait tout ce qu'il fallait pour fonder une famille. Sa sœur Hélène lui en avait plusieurs fois fait la remarque, il vaudrait mieux pour lui qu'il se marie, il était grand temps. Le célibat, c'est amusant quand on est jeune mais ensuite on peut souffrir durement de la solitude, elle en savait quelque chose.

De son côté, Lizzie n'avait pas manqué de lui poser la question :

— Tu n'as pas envie d'avoir des enfants, de voir grandir tes gosses ?

Pour sa part, lui avait-elle déclaré, elle en voulait au moins deux, et même, un peu plus tard, un troisième, pourquoi pas ? Elle n'avait que vingt-quatre ans. Philippe avait compris. Lizzie se fichait bien de son métier, elle travaillait *en attendant,* tout ce qu'elle espérait c'était se marier, tenir son intérieur et élever sa progéniture. Il avait parfaitement compris que cette belle jeune femme était en train de lui offrir sa vie. Ce n'était pas rien, il en était conscient. N'empêche, ce n'était pas demain qu'il lui ferait l'amour sans préservatif.

Et pourtant Philippe n'avait pas vraiment une âme de célibataire. Bien souvent, en rentrant de son travail, il aurait aimé trouver un intérieur habité, une femme qui l'attend, un ou deux gosses qui galopent au-devant de lui. Seulement il n'avait pas rencontré la personne. Beaucoup d'hommes se marient quand ils l'ont décidé, quand ils estiment qu'ils en ont les moyens. Alors ils cherchent une femme qui leur convient et qui leur plaît, et quand ils ont trouvé quelqu'un qui correspond à peu près à leur attente, ils l'épousent et voilà tout. Mais pour Philippe, c'était plus compliqué. Au fond, le taquinait sa sœur, tu es un idéaliste.

Un idéaliste ? Peut-être pas. Philippe n'avait pas un idéal – un désir d'amour absolu ou un type de femme bien défini –, ce qu'il avait, qui restait accroché au fond de lui, c'était un souvenir.

L'été de ses quinze ans, ses parents avaient loué une villa dans le Morbihan. Cette année-là, Antoine, le dernier-né, commençait tout juste à marcher et leur mère ne le quittait pas des yeux. Pendant qu'elle lui courait derrière, Philippe et sa sœur découvraient la liberté. Ils avaient eu vite fait de s'intégrer à une bande. Rien de plus facile pour les ados : on s'assied sur le sable pour regarder une partie de volley, et dès qu'il manque un joueur, quelqu'un vient vous demander si vous voulez prendre sa place. En tout cas, c'est ainsi que ça s'était passé pour eux. Ils étaient à peine arrivés qu'ils faisaient déjà partie de la bande. Et dans cette bande, il y avait Catherine.

Catherine avait un an de plus que Philippe et c'était une petite brune extrêmement jolie. À seize ans, presque toutes les filles sont jolies, et un ado tombe inévitablement amoureux. Mais entre cette jeune fille et lui, il s'était passé quelque chose de fort. Une complicité, une affinité profonde. Ils avaient lu les mêmes livres, aimé les mêmes films, ils riaient aux mêmes blagues, ils se comprenaient sans parler, et quand ils *discutaient* (Dieu, ce qu'ils avaient pu discuter !), ils étaient d'accord sur tout.

Tout un été main dans la main, à peine quelques baisers timides, Catherine n'était pas délurée. Cela avait été une espèce de miracle, un grand amour possible, de ces amours qui durent la vie entière. Il y en a. Mais la nature cette fois avait mal fait les choses, ils s'étaient rencontrés trop tôt. Fin août, on les avait séparés. Catherine était rentrée à Grenoble, lui-même avait regagné Paris. Il y avait eu un échange de lettres, mais bientôt il en avait reçu une du père de Catherine le priant, avec l'incompréhension et la dureté habituelles des parents en pareil cas, de cesser cette correspondance qui dérangeait sa fille et la distrayait de ses études.

Le temps avait passé, il l'avait oubliée, c'est du moins ce qu'il avait cru. Mais vient un moment où les souvenirs resurgissent, les souvenirs d'enfance, les souvenirs de jeunesse. Philippe ne pensait pas à Catherine tous les jours, mais elle était enfouie au fond de lui. Et c'était ce qui l'empêchait de se lier solidement à quelqu'un : plus ou moins consciemment, il espérait retrouver la complicité presque miraculeuse qu'il avait vécue avec son amour d'adolescent. S'il avait rencontré la personne, s'il l'avait croisée, cette

30

femme espérée, son *alter ego*, aux premiers mots, aux premiers regards échangés, il l'aurait reconnue. Sûr qu'il ne serait pas passé à côté. Alors idéaliste, lui ? Sentimental, cet homme d'affaires pragmatique, ce marchand de « grosses bagnoles » comme disait son frère ? Et pourquoi pas ? Hélène avait peut-être raison après tout.

— Et les impôts ? Tu y as pensé aux impôts ? attaqua Antoine.

— Quels impôts ?

— L'impôt sur la succession. Ce qu'on doit au fisc sur l'héritage de maman.

— On sera bien forcés d'y passer, je ne vois pas comment faire autrement.

— Toi et Hélène, vous avez les moyens ! Mais moi où veux-tu que je trouve une somme pareille !

— On a les moyens parce qu'on a investi une partie de l'héritage de papa. Je t'avais conseillé de faire comme nous, il y a huit ans, rappelle-toi. Je t'avais bien proposé de le placer, ton pognon, tout ce pognon que t'as laissé partir en fumée…

— Dans les bitcoins ! La cryptomonnaie ! Risquer des centaines de milliers d'euros dans une dinguerie pareille ! Pour faire partir l'argent en fumée, il se posait un peu là, ton placement ! Y avait pas plus rapide.

— Et bien, tu vois, c'est pas ce qui s'est passé ! C'est tout le contraire.

— Vous avez eu de la chance.

— Du flair aussi. C'est un bon client qui m'avait conseillé, un banquier. Sa banque commençait à s'y intéresser. Je l'ai suivi.

— J'espère que tu lui as fait une bonne réduc !

— Sur toutes ses voitures ! s'exclama Philippe en riant. Et il en change tous les deux ans ! Avec ta sœur on a revendu nos bitcoins à temps. Si tu m'avais écouté, aujourd'hui tu serais riche, t'aurais les moyens de le payer, ton impôt !

— Les droits de succession sur quatre millions cinq ! Même divisés par trois, ça va banquer je te le dis ! Vous allez sentir passer l'addition.

— C'est quoi ce chiffre, quatre millions cinq ! D'où tu sors ça ?

— J'ai fait estimer la villa, annonça Antoine (sans toutefois préciser qu'il avait contacté une agence). Tiens, je t'ai apporté le rapport d'expertise. Lis toi-même.

— Tu as fait expertiser la villa ?

— Oui, qu'est-ce que ça a d'extraordinaire ? On l'aurait fait à un moment ou à un autre.

— Et t'es remonté à Paris juste pour me montrer ça ? Tu pouvais aussi bien me l'envoyer.

— Bonjour l'accueil ! dit Antoine.

Il quitta son fauteuil et alla rôder du côté du bar, en l'occurrence une armoire vitrine d'acajou où rutilaient des rangées de verres et de bouteilles ambrées :

— Tu m'offres pas quelque chose à boire ?

— Fais comme chez toi.

Antoine ouvrit l'armoire, en sortit une bouteille de bourbon et remplit un verre à demi.

— Tu trouveras des glaçons dans la cuisine.

— Je le bois sec.

Oubliant son fauteuil, Antoine revint s'asseoir dans un coin de canapé. Une photo, dans un cadre de cuir, était posée sur la table jouxtant l'accoudoir :

— Jolie fille, dit-il. C'est ta copine ?

— Une amie. C'est elle qui a mis ça là. Elle fait des photos de mode. Alors t'es rentré à Paris ? T'as fermé la maison ? J'espère que tu as tout vérifié avant de partir ?

— Non. Je redescends après-demain. Je travaille mieux là-bas, c'est plus tranquille.

— Sans blague, tu travailles ?

— À mon scénario. Garde tes vannes pour toi. Je voulais te voir parce qu'il faut qu'on discute.

— De quoi tu veux qu'on discute ? On n'a rien à discuter.

— Cette histoire d'indivision, c'est aberrant tout de même. On ne peut vendre que si les trois héritiers sont d'accord. Et si l'un des trois a besoin d'argent, qu'est-ce qu'il fait ?

— Il fait comme tout le monde, il va au boulot.

— Quel boulot ? Tu voudrais peut-être que je fasse comme toi, que je me mette à fourguer des voitures ?

— Et pourquoi pas ? Ça n'aurait rien de déshonorant. Tu pourrais commencer à la concession, je te formerais, je te mettrais au courant.

— Je suis pas doué pour les affaires, je serais pas une bonne recrue.

— Alors, trouve autre chose. Tu sais dessiner, tu sais peindre. Tu pourrais faire de la publicité, par exemple. Ils sont bien payés dans la publicité.

— Ça voudrait dire abandonner mes projets, tout laisser tomber à trente ans ! J'aime encore mieux vivre en ascète, prendre des risques, courir ma chance…

— Alors raison de plus pour garder la maison. Si tu prends des risques, tu sauras que tu as quelque chose de côté. Ta part de la villa représente une sécurité.

— Une assurance pour mes vieux jours !

— Marre-toi ! Dans quelques années, tu verras peut-être les choses autrement.

— Tout ce que je vois, moi, pour l'instant, c'est que cette loi sur l'indivision est absurde. C'est juste le contraire qu'il aurait fallu faire : autoriser la vente si un seul héritier, un seul des indivisaires, le souhaitait. Il y a de quoi mettre les familles à feu et à sang avec une loi pareille.

— T'as l'intention de nous assassiner, ta sœur et moi ?

Antoine haussa les épaules.

— Patiente quelque temps, reprit son frère. On ne peut pas faire de la peine à Hélène en ce moment. Maman vient de mourir, Hélène se sent seule. Si on vendait la maison maintenant, elle le vivrait comme une amputation, elle souffrirait. Tu peux comprendre ça ? Laisse passer quatre ou cinq ans puis on en reparlera, de cette vente.

— Et comment je vais vivre, moi, en attendant ?

— Et bien comme tu as dit, en ascète !

— Il y aurait peut-être une solution, dit Antoine sans relever l'ironie.

— Je t'écoute.

— J'avais pensé… Enfin, toi et Hélène, vous pourriez peut-être racheter ma part.

— Impossible, répondit catégoriquement Philippe. Avec les droits de succession à payer, même en s'y mettant à deux, ça nous ferait trop lourd.

— Et comment je vais les payer, mes droits de succession, si on vend pas la maison ?

— Pour ça, on pourra s'arranger. Hélène et moi on y a déjà réfléchi. On peut te les avancer. Tu nous rembourseras plus tard. Ta part de la maison servira de garantie.

— Et moi je serai toujours sans un rond !

— Maman a laissé un peu d'argent. Avec ce qui te revient, tu pourras voir venir en attendant de trouver quelque chose, un moyen de gagner ta vie. Tu as trente ans, merde, t'es plus un petit garçon ! Il faudrait commencer à prendre tes responsabilités...

— On a sonné, l'interrompit Antoine, l'index levé, pas mécontent de couper au sermon.

Philippe revint une minute plus tard avec sa visiteuse, une appétissante créature dans laquelle Antoine reconnut la fille de la photo.

— Waouh, fit-il assez lourdement en se précipitant à sa rencontre, elle est encore plus belle en vrai !

— Je te présente mon jeune frère, dit Philippe avec un sourire indulgent un peu forcé. Antoine... Lizzie, une amie... Antoine est venu me voir à l'improviste, nous avons à parler...

Ils se tenaient tous les trois à l'entrée du salon, l'air embarrassé.

— ... Excuse-nous, des affaires de famille.

— Dans ce cas, je vais vous laisser, déclara Lizzie sans se froisser. J'avais justement une course à faire dans le quartier. Je te vois quand ? chuchota-t-elle pendant que Philippe l'entraînait vers la porte.

— Reviens dans une heure, il sera parti.

— Canon, commenta Antoine, au retour de son frère. Et elle manque pas d'allure.

— Si le cœur t'en dit, te gêne pas. Je peux te donner son numéro.

— J'ai pas les moyens.

— Ce n'est pas ce que tu crois. C'est une gentille fille et elle gagne correctement sa vie avec ses photos.

— Tu veux t'en débarrasser ?

— Je sais pas trop. Ça fait quatre ou cinq mois qu'on se voit et j'ai l'impression qu'elle commence à s'imaginer des choses. Petit à petit, elle s'installe. Elle laisse des trucs à elle dans l'appartement, elle a apporté sa photo…

— Elle te plaît plus ?

— Ce n'est pas ça.

— Ça te fait peur ? Tu veux rester célibataire ? À quarante ans passés, tu pourrais penser à te marier.

— Alors toi aussi, tu t'y mets. Eh bien et toi alors ? lui rétorqua Philippe.

— Oh moi, avec les filles que je rencontre, la question ne se pose pas. Les filles de mon âge, on peut les diviser en deux camps : celles qui veulent seulement s'amuser, profiter de leur jeunesse, et celles qui pensent à se marier, à construire leur vie. Avec les premières, on sait où on va, il n'y a pas de malentendu. Et les autres, celles qui cherchent à se marier, même quand elles veulent bien sortir avec moi je les intéresse pas vraiment, elles me trouvent pas assez solide. On construit pas sa vie avec un couillon comme moi. Donc, je suis tranquille. Mais toi, t'es quand même quelqu'un, t'as une situation. T'as pas envie de te fixer, de fonder un foyer ?

— Si… enfin non… En réalité, je ne sais pas de quoi j'ai envie. Je ne sais pas moi-même ce que je ressens. J'attends peut-être quelque chose.

— Le coup de foudre ! s'écria Antoine avec une ardeur sincère.

— Mais non, pas le coup de foudre. Ce que j'aimerais trouver, tu vois, ce serait plutôt une entente, une compréhension mutuelle. Je ne sais pas comment l'expliquer.

— Une communion d'âmes !

— Tout de suite les grands mots ! Disons un accord véritable, quelque chose qui résiste au temps. Mais c'est peut-être beaucoup demander.

On était aux premiers jours du printemps et, bien qu'il ne fût que neuf heures, le soleil pénétrait comme une lame dans la salle d'attente, en illuminant tout un angle. Premier visiteur de la matinée, Antoine fut introduit dès son arrivée dans le bureau de maître Boisard. *L'indivision, deuxième acte,* augura le notaire, fort de son demi-siècle d'expérience, en voyant paraître le benjamin des héritiers Ballestier.

— Comment allez-vous, cher Antoine ? C'est toujours un grand plaisir de vous voir.

— Bien merci. C'est un plaisir pour moi aussi, Maître.

— Votre frère et votre sœur vont bien ?

— Aussi bien que possible. Hélène a du mal à se remettre de la mort de maman.

— Comme je la comprends ! C'est un coup terrible pour vous trois. Une mère est irremplaçable. Mais qu'est-ce qui vous amène aujourd'hui ? Dites-moi ce que je peux faire pour vous ?

— Maître, je suis venu parce que j'ai besoin d'un conseil. C'est au sujet de la villa dont nous avons hérité, ma sœur, mon frère et moi. Je l'ai fait expertiser. J'ai aussi contacté une agence immobilière, l'agence Desclozeaux…

— Ah Iris, je la connais bien ! J'ai travaillé plusieurs fois avec elle. C'est une personne compétente, très efficace.

— Eh bien, l'expert et madame Desclozeaux sont d'accord pour estimer la maison entre quatre et cinq millions…

Le notaire fit entendre un petit sifflement admiratif :

— Psst… C'est une somme !

— Oui, une belle somme. D'après eux, c'est surtout à cause du terrain, neuf mille mètres carrés en bord de mer…

— En effet. Finalement, votre maman vous aura laissé un bel héritage.

— Oui, un très bel héritage.

Antoine s'agita un peu sur sa chaise :

— L'ennui, c'est que ma part est bloquée.

— Comment ça ?

— C'est à cause de cette histoire d'indivision, vous comprenez. Hélène et Philippe ne veulent pas vendre. Du coup, je ne peux pas en disposer, moi, de mon héritage.

— Eh oui, c'est le principe même de l'indivision. Comme je vous l'ai dit, on ne peut vendre que si tous les indivisaires sont d'accord.

— Ce n'est pas juste, constata tristement Antoine. Moi, j'ai grand besoin de cet argent. C'est comme si on me privait de ce qui me revient.

— Pas vraiment. Vous êtes jeune. Pour vous, quoi qu'il advienne, cela représente un joli capital de côté.

— C'est ce que dit mon frère. Mais après tout, on n'en sait rien. Notre propriété pourrait perdre de sa valeur. Imaginez, Maître, une maison si près de la côte… Avec le réchauffement climatique, le niveau de la mer qui monte… La villa ne vaudrait plus rien… Et son terrain non plus.

40

— Moins de trois millimètres par an, selon les derniers relevés. Il y a de la marge. Votre maison n'est tout de même pas sur la plage.

— Et un krach boursier ? On y a pensé à un krach boursier ? Une faillite des banques qui ruinerait tous les milliardaires du Cap, qui les obligerait à se défaire de leur bien ? Ça s'est déjà vu, et il n'y a pas si longtemps ! Du coup, nos propriétés seraient bradées…

Le notaire eut une moue dubitative :

— Ici, au Cap d'Antibes, ça m'étonnerait. Et de toute façon, tout le monde ne serait pas ruiné. Même pendant les krachs, il y a des gens qui s'en tirent très bien.

— Et un incendie ? La maison pourrait brûler. Un incendie accidentel… voire criminel ?

— Il y a les assurances. Vous n'allez pas mettre le feu à votre maison, tout de même ?

— Oh, Maître ! se défendit Antoine. Seulement, je me demandais s'il n'y aurait pas un moyen de convaincre mon frère et ma sœur de vendre. De leur faire comprendre que c'est dans leur intérêt.

— Je ne suis pas sûr que ce soit dans leur intérêt. Ni dans le vôtre, d'ailleurs. Réfléchissez, vous pouvez aussi voir votre héritage, cette grande villa sur la Côte d'Azur, comme une chance.

Antoine prit un air grave :

— J'ai besoin d'argent, Maître. J'ai des projets mais il me faut du temps pour les réaliser. Et pour vous parler franchement, il ne me reste rien de ce que m'a laissé papa. Je suis venu vous voir parce que j'espérais que vous m'aideriez à trouver une solution.

— Peut-être pourriez-vous vendre votre part à votre frère ou à votre sœur ?

— Nous y avons pensé, mais ils n'en ont pas les moyens.

Maître Boisard prit un temps de réflexion.

— Il y aurait bien une solution. Mais elle reste très théorique. Et elle n'est pas sans inconvénient.

— Quelle solution ? le pressa Antoine avec espoir.

— Théoriquement, vous avez la possibilité de vendre votre part de l'indivision à une tierce personne. Je dis bien : théoriquement.

— Ah bon ? Alors c'est réglé, il ne reste plus qu'à trouver un acheteur !

— Ce n'est pas si facile. Et en admettant qu'un acheteur se présente, encore faut-il qu'il soit accepté par les autres indivisaires. Évidemment, dans ces sortes d'arrangements, il y a toujours un risque.

— Quel risque ?

— C'est que, voyez-vous, et je vous parle d'expérience, même entre les membres d'une même famille, la jouissance d'un bien en indivision peut poser de multiples problèmes, *a fortiori* s'il s'agit d'un étranger.

— Je ne vois pas où est le problème.

— Pour vous, il n'y en aura pas, car vous serez sorti de l'affaire. Mais pensez à votre famille, la cohabitation avec un inconnu, un inconnu en partie propriétaire.

— Mais ce n'est qu'une résidence secondaire, une résidence de vacances, personne n'habite la maison à plein temps. Il leur suffira de partager leurs périodes équitablement. Quatre mois par an chacun et puis voilà.

— Je ne veux pas entrer dans les détails mais, croyez-moi, ça peut être beaucoup plus compliqué que vous ne l'imaginez. Rien que pour s'entendre sur les périodes d'occupation de la maison, sur les chambres attribuées à chacun, sur le partage des factures et des frais d'entretien… De toute façon, il faudrait que votre frère et votre sœur soient d'accord. D'abord sur le principe, et puis sur la personne que vous leur présenterez. L'idéal dans votre cas, ajouta le notaire, serait de trouver un acheteur qui verrait cette acquisition comme un placement. Qui n'envisagerait pas d'habiter la maison, même pas à temps partiel pour les vacances. Si vous obtenez l'accord de votre famille, je peux réfléchir à la question, essayer de vous trouver quelqu'un parmi mes clients. Une personne de confiance, qui offrirait toutes les garanties, financières bien sûr, mais aussi morales. Éviter comme la peste les gens douteux, les trafiquants de toutes sortes qui pullulent sur la Côte d'Azur et qui pourraient utiliser vos locaux à des fins illicites. Il faudra se montrer extrêmement prudent.

— Vous-même, peut-être ? proposa ingénument Antoine.

— Ah non, pas moi ! s'esclaffa le notaire. Pas moi, ha ha ha ! Lui, entrer de son plein gré dans une indivision ? Mettre volontairement le doigt dans ce panier de crabes ? Il en riait encore en raccompagnant Antoine à la porte.

2

On était arrivé à la fin mai, trois mois s'étaient donc écoulés depuis le décès d'Irène Ballestier et le legs de sa villa, et l'affaire n'avait pas avancé d'un pouce. Très occupé à la concession et par la préparation d'un voyage au Japon, Philippe se désintéressait de la question. Qu'Antoine se débrouille avec sa sœur et qu'on ne vienne plus lui casser les pieds avec cette histoire. C'est ce qu'il avait dit : « Démerdez-vous. » Vendre ou ne pas vendre, il était d'accord quoi qu'ils décident. Il signerait tout ce qu'on voudrait pourvu qu'on lui fiche la paix.

Hélène campait sur ses positions. Elle avait refusé l'acquéreur présenté par maître Boisard. Quelqu'un de très bien pourtant : un Antibois prospère, propriétaire de plusieurs appartements en ville et qui habitait près du rivage une maison plus grande et surtout plus moderne, beaucoup plus confortable que la leur, et qui n'aurait donc aucune raison de s'installer dans la villa, même en vacances. Mais alors, argumentait Hélène, pourquoi ce Monsieur s'était-il mis en tête d'en acheter une part ? C'était louche. Lui ne l'habiterait peut-être pas mais probablement verrait-on un jour débarquer ses enfants, ou les enfants de ses enfants, des inconnus plus ou moins fiables, plus ou moins bien intentionnés qui apporteraient leurs meubles et qu'on ne pourrait plus déloger, qui seraient chez eux dans *la maison de mémé* ! Et comment prévoir ce qui se passerait alors ? La vérité était qu'on ne savait pas où on allait.

Antoine lui-même, avec sa paresse, sa propension à fuir devant les difficultés, son penchant naturel à remettre au lendemain ne soufflait plus mot de son héritage. L'agence Desclozeaux avait laissé tomber : elle n'était pas intéressée par la vente d'une part en indivision. Et il n'avait pas pris la peine d'en contacter une autre qui ne le serait vraisemblablement pas davantage. Il avait remis la question à plus tard, il serait bien temps de s'ennuyer avec tout ça à la rentrée. En attendant, il se laissait vivre. Il n'allait pas gâcher bêtement le bel été qui s'annonçait.

Bref, l'affaire était au point mort.

Et comme souvent lorsqu'on a renoncé ou qu'on s'est accordé une pause, un moratoire face à un problème épineux, la solution se présenta par un pur hasard.

La dernière chose à laquelle Antoine s'attendait, cet après-midi-là, en se rendant chez le fournisseur pour artistes du centre-ville (il avait provisoirement abandonné son scénario et se reposait des affres de l'écriture en peignant d'assez jolies marines), c'était de tomber sur Lupita Casalet.

Il venait de garer sa moto contre un arbre de l'avenue Thiers quand il s'entendit héler par une voix féminine. Il ne reconnut pas tout de suite son amie de jeunesse dans la ravissante jeune femme en tailleur blanc qui lui expédiait de grands signes depuis le trottoir d'en face. Elle traversa la chaussée pour le rejoindre, obliquement, sans se soucier des voitures qui pilaient pour la laisser passer, et ce fut cette façon d'être désinvolte et impétueuse, méprisante du danger, qui lui rafraîchit la mémoire.

Elle était déjà devant lui : « C'est moi… Lupita ! »

De près, elle n'avait pas tellement changé. Une bonne douzaine d'années qu'ils ne s'étaient pas vus mais elle avait toujours sa peau parfaite, naturellement mate, ses cheveux noir de jais, ses dents très blanches et ce sourire lumineux qui l'avait fait craquer quand il avait dix-sept ans. Elle n'avait pas été sa première copine, il était déjà sorti avec deux ou trois filles de son lycée à Paris, mais c'était avec elle qu'il avait vraiment découvert la sexualité. Il en avait été amoureux tout un été, et la première moitié de l'été suivant. Puis, au milieu des vacances, il s'était intéressé à une autre fille et Lupita avait disparu de sa vie.

Un amour d'ados, donc. Et même un amour intermittent car, après leur premier été, il l'avait complètement oubliée pour se consacrer, sous la surveillance pour une fois sévère de son père, à la préparation de son bac qu'il avait piteusement raté la première fois.

Malgré tout, assis près d'elle à la terrasse d'un charmant café-jardin du vieil Antibes où il l'avait invitée à prendre un verre, il se sentait remué. Cette rencontre inattendue le renvoyait brusquement deux décennies en arrière, car en réalité ils se connaissaient depuis l'enfance. La mère de Lupita était cuisinière dans une maison voisine de celle des Ballestier et, comme elle n'avait personne pour garder sa fille pendant les congés scolaires, elle était obligée de l'emmener avec elle à son travail. C'est ainsi qu'Antoine et Lupita avaient fait connaissance, en allant s'amuser tout seuls sur la plage. Deux petits voisins momentanément livrés à eux-mêmes qui avaient uni leurs solitudes. Ensemble, ils avaient construit des châteaux de sable, joué au ballon, fait des parties de cache-cache, les jours de pluie, dans la villa où Irène accueillait volontiers la petite compagne de jeux de son fils. L'après-midi, elle leur préparait un goûter. Plusieurs fois, elle avait invité Lupita à des fêtes

48

ou aux garden-parties qu'elle organisait dans le parc de temps à autre.

Toujours aussi extravertie et volubile – un trait de caractère qu'elle tenait de sa mère, Rosaria, une Espagnole originaire de Catalogne qui avait épousé un ajusteur-monteur français –, de la voix gutturale qu'elle avait déjà à dix ans et qui paraissait si étrange chez une petite fille, Lupita se racontait.

Peu après sa majorité, comme elle envisageait de faire carrière dans l'hôtellerie – un projet qui allait de soi, sur la Côte d'Azur, pour une jeune fille de condition modeste –, elle était partie à Londres pour apprendre l'anglais. Elle avait d'abord travaillé comme serveuse dans un restaurant indien puis elle avait trouvé une place de barmaid dans un club branché de Soho. Elle s'était mariée une première fois avec un trader de la City, un vrai cinglé selon elle, qu'elle avait quitté au bout de deux ans. Devenue bilingue, à quoi s'ajoutait des notions plus que suffisantes d'espagnol, qu'elle s'était d'ailleurs employée à améliorer car c'est la deuxième langue la plus parlée dans le monde – Tu le savais, Antoine, que l'espagnol est la langue maternelle de plus de 400 millions de personnes ? – pistonnée par un collègue de son mari avec lequel elle avait eu une brève relation après son divorce, elle avait alors décroché un poste enviable à la conciergerie du Savoy, un palace de renommée internationale, l'établissement le plus prestigieux de Londres.

C'est là qu'elle avait rencontré son second mari, David Addington, un veuf richissime de vingt-cinq ans son aîné, sans titre mais descendant d'une vieille famille de l'aristocratie anglaise. On n'imagine pas la fortune de ces gens-là, poursuivait Lupita. Des comptes bancaires astronomiques, des œuvres d'art, des châteaux, des terres à perte de vue... Son mari lui-même en ignorait certainement le montant exact. Au début, Addington ne lui plaisait pas et elle avait d'abord refusé ses invitations. Mais ses refus n'avaient fait que l'aiguillonner. Il l'avait assiégée pendant des semaines et, pour finir, il lui avait proposé de l'épouser. Elle n'était pas naïve, elle avait obtenu un contrat de mariage très avantageux qui la mettait à l'abri quoi qu'il arrive. Mais, tout au contraire de ce qu'elle craignait, ce mariage s'était très bien passé. Elle s'était habituée à lui, elle avait même fini par l'aimer d'une certaine façon. De plus, elle s'entendait plutôt bien avec ses enfants, satisfaits au fond de voir leur père arraché à sa solitude. David avait été un époux attentionné, généreux, et qui l'adorait. Elle ne se souvenait pas qu'il lui ait jamais refusé quelque chose. Avec lui, c'était toujours *yes darling*, tout ce que vous voudrez *sweetheart*, comme il vous plaira *ma chèèèrie*... Quelle femme aurait envie de se séparer

50

d'un tel homme ? Qu'Antoine la croie ou non, elle ne l'avait jamais trompé, elle insistait là-dessus. Son premier mariage l'avait dégoûtée de l'amour et les quelques aventures qu'elle avait eues ensuite avaient épuisé sa curiosité sur le sujet. Elle était vaccinée. Mais les meilleures choses ont une fin. Addington s'était tué huit mois plus tôt dans un accident, pendant un de leurs voyages en Italie. Le drame s'était produit près d'Amalfi. Un matin qu'ils étaient partis en promenade, David, qui s'était aventuré tout au bord de la côte escarpée et glissante, avait fait une chute mortelle dans les rochers. Elle marchait assez loin derrière lui, évitant pour sa part de trop s'approcher du bord, et elle l'avait vu trébucher et tomber sans pouvoir intervenir. Un moment terrible, un sentiment d'impuissance effroyable.

Heureusement pour elle, son mari avait pris ses dispositions. Il lui avait laissé leur appartement de Kensington en héritage et beaucoup d'argent. Une somme énorme qu'il avait placée à son nom dans une banque, elle n'osait même pas en prononcer le chiffre. Bien supérieure en tout cas à ce qui était prévu dans leur contrat de mariage, ce qui était peut-être sa façon de témoigner du bonheur qu'il avait connu auprès d'elle. Un homme aimant et très généreux, ça oui, elle pouvait le dire. Les six années qu'elle avait vécues auprès de lui resteraient certainement les meilleures de sa vie. Elle habitait toujours à Londres mais elle avait l'intention de passer plus de temps en France et elle était revenue pour y chercher un pied-à-terre. Elle était à Cannes ce matin même où elle avait visité deux charmants appartements sur la Croisette... – Mais je parle, je parle, et toi, Antoine, comment vas-tu ? Raconte-moi un peu, qu'est-ce que tu as fait de beau depuis tout ce temps ?

C'était un radieux dimanche de juin, chaud sans excès, balayé par un souffle de vent printanier. Hélène et Philippe étaient descendus au Cap Gros pour le week-end. Hélène pensait qu'ils ne seraient que tous les trois, une sœur et ses deux frères, dans l'intimité chaleureuse de la fratrie. Mais Antoine avait invité son amie d'enfance à déjeuner ; à ce qu'il avait dit, il était tombé sur elle par hasard, trois jours plus tôt, en allant faire des courses dans le centre-ville. Et Philippe, sans la prévenir comme toujours, était venu accompagné d'une jolie fille, qu'il avait présentée par son seul prénom, Lizzie. Hélène aurait aimé que son aîné se marie, mais ce n'était pas la première fois qu'il venait à la villa avec une amie, une jeune beauté qu'on ne revoyait jamais.

La table avait été dressée dans le jardin, à l'abri d'un parasol, à l'arrière de la maison. Ils étaient donc cinq, réunis autour du *grand aïoli* préparé avec soin par Hélène, qui trouvait un certain réconfort à cuisiner pour les autres. Dans le seau à glace, deux bouteilles de rosé, un Minuty Prestige exhumé de la cave, de la réserve paternelle, rafraîchissaient.

— Eh bien, proposa Antoine en levant son verre, trinquons à cette belle journée et à Lupita que j'ai eu la joie de retrouver.

— Tchin ! obtempérèrent les convives en levant leur verre de concert. À Lupita !

— Vous vous connaissez depuis longtemps ? demanda Lizzie.

— Depuis leur enfance, la renseigna Hélène. Ils ont fait des pâtés sur la plage.

— Pas des pâtés, des châteaux, rectifia en souriant Lupita. Et aussi des sculptures. On avait déjà dix ou onze ans.

— Et comment va votre mère ? Madame Rosaria, si je me souviens bien ? Une personne sympathique. J'ai eu plusieurs fois l'occasion d'échanger quelques mots avec elle quand elle venait vous chercher à la maison après son travail.

— Ma maman était employée chez des voisins, précisa Lupita pour Lizzie. Elle avait un vrai talent de cuisinière.

Hélène comprit qu'elle l'avait vexée. Ce n'était pas volontaire. Presque tout le monde autour de la table savait qui était Lupita. Elle avait juste oublié l'invitée de Philippe.

— Et vous avez hérité de son talent ? demanda Lizzie. Moi aussi j'aime beaucoup cuisiner.

— Je me débrouille. Enfin, je me débrouillais. Ce n'est plus vraiment mon affaire.

— J'espère que vos parents vont bien ? dit Hélène pour se rattraper.

— Très bien. Mon père a pris sa retraite et ils sont partis tous les deux en Catalogne dans le village dont ma mère est originaire. Elle y possède une petite maison.

— Et vous êtes toujours à Antibes ?

— Lupita vit en Angleterre, intervint Antoine. Elle s'est mariée là-bas.

— Ah vraiment ?

— Malheureusement, je viens de perdre mon mari. Il s'est tué dans un accident en octobre dernier. Un accident stupide.

— Toutes mes condoléances, prononça Lizzie.

— Merci.

Une jeune veuve, pensa Hélène. Elle n'a pas l'air effondrée.

— Alors, dit Philippe, vous voilà de retour sur la Côte ?

— Pas tout à fait. Je reviendrai sans doute plus souvent en France, le soleil du Midi me manque, mais je continuerai d'habiter Londres. J'y ai mes habitudes, mes amis, ma vie est là-bas maintenant.

— Vous avez des enfants ?

— Non. Mon mari n'y tenait pas. Il en avait déjà trois de son premier mariage. Tous les trois adultes.

Elle a épousé un vieux, en déduisit Hélène. Et elle ne porte pas d'alliance, elle n'a pas dû traîner pour l'ôter. Elle s'informa :

— Vous exercez une profession à Londres ?

— Plus depuis mon mariage. Avant je travaillais dans l'hôtellerie.

— Vous envisagez de reprendre ?

— Ce n'est pas à l'ordre du jour, répondit Lupita avec une moue amusée.

Hélène lui trouva l'air suffisant.

— Moi, déclara Lizzie, je travaille parce que je suis forcée. Ce que j'aimerais, c'est avoir des enfants et m'occuper de ma famille et de mon intérieur.

— Beau programme, dit Hélène en se tournant vers son aîné d'un air engageant.

— Délicieuse, ta salade, éluda Philippe.

Et il en ingurgita une énorme bouchée.

— J'en voudrais au moins deux, continuait Lizzie. Mais pas plus de trois. Parce qu'après on ne doit plus savoir où donner de la tête.

— Et vous, Lupita, dit Hélène, vous aimeriez avoir des enfants ?

— Pour ça, il faudrait que je commence par me remarier, et je n'y songe pas.

— Vous avez d'autres projets ?

— Pas spécialement.

— Qu'est-ce que vous allez faire alors ?

— Mais… rien. Il faut absolument faire quelque chose ?

— C'est vrai, l'appuya Antoine. On peut aussi bien choisir de se laisser vivre, c'est une option. Pourquoi devrait-on absolument faire quelque chose ?

— Pour avoir un but, se sentir utile. Pour donner un sens à sa vie.

— De toute façon, la vie n'a pas de sens, décréta Lupita.

Hélène tiqua. Décidément, cette jeune femme avait une curieuse conception de l'existence. Elle ne se souvenait pas d'elle enfant, à cause de leur différence d'âge. Quand on a vingt-quatre ans, on ne s'intéresse pas à la copine de son petit frère. Mais elle se rappelait que vers dix-sept, dix-huit ans, Lupita était devenue très coquette. Comme elle ressemblait un peu à Penelope Cruz, elle s'était laissé pousser une crinière qu'elle secouait d'une manière provocante. Elle dansait en marchant, virevoltait autour du père d'Hélène, ses petits seins dressés. Et puis, maintenant qu'elle y repensait, elle se souvenait d'une histoire ennuyeuse. Un bijou de sa mère qui avait disparu, un pendentif de chez Cartier, une petite panthère en or, et les soupçons s'étaient automatiquement portés sur l'amie d'Antoine. Il y avait eu des cris, des larmes, des protestations d'innocence et, faute de preuve, sa mère avait laissé tomber, elle avait préféré passer l'éponge. Mais Hélène se rappelait que Lupita, devenue adolescente, l'agaçait.

En revenant de raccompagner son amie, Antoine trouva son frère tout seul. Il était six heures, le soleil déclinait et Lizzie et Hélène étaient allées se promener sur la plage, au bord de l'eau. Philippe se réveillait d'une sieste légère, un doux balancement dans le rocking-chair de l'office qui restait la pièce la plus fraîche de la maison.

— Ça y est, t'as ramené ta copine ?

— Je l'ai reconduite à son hôtel. Elle part demain. Elle prend son avion tôt le matin.

— Elle est à quel hôtel ?

— À l'Hôtel du Cap.

— Fichtre, diantre.

— Ça t'épate ?

— Un peu. Le palace le plus chic de la Côte... Elle a fait du chemin, la fille de la cuisinière. Son mari n'a pas dû la laisser démunie. Qu'est-ce qu'il faisait ?

— Je ne sais pas. Rien, je suppose. Il devait gérer sa fortune. Justement, je suis content qu'on soit seuls parce que je voudrais te parler de quelque chose.

— Je t'écoute.

— T'as entendu ce qu'a dit Lupita à table, qu'elle a l'intention de revenir plus souvent en France, que le soleil lui manque. Quand je l'ai rencontrée, mardi dernier, elle revenait de Cannes où elle avait visité des appartements. Elle cherche un point de chute.

— Et alors ?

— Alors, figure-toi que depuis mardi nous avons passé pas mal de temps ensemble. Nous avons dîné tous les deux, elle m'a invité à son hôtel…

— Qu'est-ce que vous avez mangé, du caviar ?

— Des soles meunières… Et moi je l'ai invitée à la villa vendredi soir, avant votre arrivée à Hélène et à toi. Elle était très émue de se retrouver dans la maison où elle venait jouer étant petite. Comment tu la trouves, Lupita ?

— Pas mal.

— Sa personnalité, je veux dire.

Philippe se souvenait vaguement d'une ado délurée, trop maquillée pour son âge, toujours collée à Antoine.

— Je la connais pas. Mais je ne la voyais pas souvent. Vous couchiez ensemble ? C'est elle qui t'a dépucelé ? Ne me dis pas que tu en es retombé amoureux ?

— Il ne s'agit pas de ça. Pas du tout. Elle est jolie et très gracieuse, Lupita, mais ce n'est pas mon type de femme. Les peaux brunes, les petits corps minces et musclés, ça ne m'attire pas particulièrement.

— Qu'est-ce que c'est, ton type ?

— J'aime les filles pulpeuses à peau claire. Les belles plantes. Même bien en chair, ça ne me dérange pas.

— Les filles comme Lizzie ?

— Lizzie est parfaite mais elle n'est pas pour moi. Alors, ce que je voulais te dire, c'est qu'avec Lupita nous avons pas mal discuté. Elle m'a raconté ce qu'elle avait fait pendant toutes ces années, et moi je lui ai un peu parlé de la famille, de la mort de maman... de la situation... euh... de *ma* situation.

— Ta situation ? répéta Philippe qui commençait à voir où son frère voulait en venir.

— Tu sais bien, à propos de ma part indivisaire.

— Je croyais que tu avais renoncé à vendre.

— Ah non, j'ai jamais renoncé ! se récria Antoine. J'avais juste arrêté de chercher un acheteur *pour le moment*. C'est elle, c'est Lupita, qui m'a proposé spontanément de m'aider.

— De quelle façon ?

— Elle m'a proposé de racheter ma part.

— Rien que ça ! Vous faites une petite dînette à la villa et elle met un million et demi sur la table. Tu l'avais fait boire ?

— Pas du tout. Nous n'avions rien bu ni l'un ni l'autre.

— Ressaisis-toi, petit frère, tout ça ne me paraît pas très sérieux.

— Moi aussi, j'ai d'abord cru qu'elle blaguait, que c'étaient des paroles en l'air. Tu te rends compte, une fille qui dégaine une somme pareille sans hésiter, comme si c'était tout naturel ? Mais elle a insisté. Elle m'a dit de réfléchir, de vous en parler à toi et à Hélène, et, si vous êtes d'accord, d'arranger un rendez-vous chez le notaire. Crois-moi, elle était tout ce qu'il y a de plus sérieuse.

— Elle a peut-être les moyens après tout. Faut voir, vérifier sa solvabilité. Mais ça maître Boisard peut s'en charger.

— Tu peux me croire sur parole, moi non plus, je n'en revenais pas. Elle m'a proposé ça comme si elle m'offrait une cigarette ou un chewing-gum.

— T'emballe pas, elle t'en fait pas cadeau. Elle achète une part de la villa.

— Tu serais d'accord, toi ?

— Oh moi, je m'en fous, je te l'ai déjà dit. Je ferai comme vous voudrez. C'est Hélène qu'il va falloir convaincre. Tu as vu ce qui s'est passé avec le candidat du notaire. C'était pourtant quelqu'un de bien son client, maître Boisard s'en portait garant quasiment.

— Mais là, il ne s'agit pas d'un inconnu, Lupita est une amie de jeunesse et elle n'habite même pas en France. Probable qu'on ne la verra pas souvent à la villa.

Philippe alla se servir un verre d'eau glacée sans répondre. Les paroles de son frère le laissaient rêveur. Après tout, Antoine était peut-être dans le vrai. Si Lupita était aussi riche qu'il le disait, à présent qu'elle était libre, elle voyagerait, elle aurait des amis sur tous les continents, aux USA, en Amérique latine, en Australie, au Japon… elle ferait partie de la jet-set, elle serait invitée partout. Passé les premiers temps, la joie de la redécouverte, du retour aux sources, elle n'aurait plus tellement envie de venir s'enterrer dans une propriété vieillotte du Cap Gros. Mais alors, se demandait Philippe, pourquoi en acheter un tiers ? Une lubie ? Un caprice de femme riche habituée à satisfaire instantanément tous ses caprices ? Ou y avait-il une raison plus sérieuse ?

Antoine était stupéfait. Avec un parfait détachement, comme si elle s'offrait une robe ou une paire d'escarpins, Lupita venait de signer l'acte de vente et, du bout de ses doigts effilés, faisait glisser le document vers le notaire. Bientôt, elle donnerait un ordre à sa banque et un flot d'argent se déverserait sur le compte de l'étude, un bref transit avant de venir abonder son compte à lui.

Ce qui étonnait Antoine, c'était la fluidité de tout ça. Il mesurait le privilège de la fortune, la puissance de l'argent, la façon dont il rend toutes les circonstances de la vie aisées. On rencontrait une difficulté ou on avait une envie quelconque ? Eh bien, on actionnait le robinet et la difficulté était aplanie, le désir comblé. Lui, il avait toujours été empoté avec l'argent. Incapable de planifier un budget, de mettre de l'argent de côté en vue d'un projet, encore moins de l'investir, il n'était même pas fichu de prendre un risque. Tout ce qu'il savait faire, c'était le dépenser, jour après jour, tantôt avec largesse, comme un nabab, tantôt, pris de remords ou d'une soudaine inquiétude, en s'imposant des restrictions aussi sévères que momentanées.

Philippe affichait un air absent, comme si cette signature ne le concernait pas. Hélène avait une expression de bonne volonté patiente mêlée de scepticisme. Car, de guerre lasse, elle avait fini par céder. Elle s'inquiétait pour son jeune frère et ne se sentait pas le droit d'immobiliser son héritage en le laissant dans l'embarras. Ce scrupule avait eu raison de sa résistance, elle s'était laissé fléchir. Arriverait ce qui arriverait.

Antoine était le grand gagnant de l'affaire. Il avait vendu sa part et resterait néanmoins le bienvenu à la villa, chez son frère et sa sœur. Comme n'avait pas manqué de le lui faire remarquer Hélène, il avait le beurre et l'argent du beurre. Pour fêter cette heureuse transaction, Antoine invita tout le monde à Cannes, à la Palme d'Or, le restaurant réputé de l'hôtel Martinez.

On leur attribua une table ronde au bord de la terrasse. Tout près d'eux, des voitures rutilantes glissaient sans bruit sur la Croisette, à la queue leu leu, sous l'alignement des lumières. Un peu plus loin, après la bande claire de la plage, la lune éclairait d'une nappe argentée l'étendue sombre de la mer. On était en juillet, la salle du restaurant était pleine. Les serveurs s'affairaient dans un brouhaha assez fort où tintait le cliquetis des couverts. Les décolletés des femmes dévoilaient leur pcau bronzée, leurs bijoux scintillaient. Des rires fusaient, des exclamations dans des langues étrangères, on se parlait sans manières d'une table à l'autre. Là encore, c'était la gaieté, l'insouciance. La belle vie.

Le lendemain de cette journée mémorable, Philippe retourna à ses affaires et sa sœur à son cabinet. Antoine suivit le mouvement en profitant de la voiture de Philippe, un peu contrarié de quitter la Côte au début de l'été mais bien résolu à jouir de sa richesse toute neuve : une nouvelle moto, peut-être un beau costume, une jolie fille à sortir et à épater. Paris en juillet avait aussi son charme. Ils partirent ensemble au milieu de la matinée. Sur le seuil de la maison, Lupita les regardait s'éloigner en leur faisant de grands signes au revoir de la main.

Restée seule à la villa, elle rentra dans la cuisine et se prépara un café qu'elle but debout, face à la fenêtre, en contemplant les arbres du parc. Puis elle grimpa les deux étages qui conduisaient à ses appartements privés. C'est ce qui avait été convenu : le deuxième étage serait pour elle, c'était désormais son domaine. La seconde volée de marches était un peu raide mais il en aurait fallu davantage pour la décourager. Hélène, Philippe et Antoine (lui en tant qu'invité) conserveraient leurs chambres respectives au premier. Tout le rez-de-chaussée et le parc seraient communs. Il y avait eu aussi un partage du temps. Pour les mois d'été, juillet serait réservé à Lupita, août et septembre à Philippe et à sa sœur. Pour les autres mois, chacun aurait son trimestre. Mais c'était un partage de principe. On s'arrangerait toujours. La maison était grande et on était entre amis.

Le deuxième étage était spacieux, deux cents mètres carrés environ, mais mal fichu. Une enfilade de quatre pièces au plafond bas, ouvrant sur la mer. Il faudrait

64

faire tomber des cloisons. De l'autre côté du couloir, donnant sur l'arrière du parc, des débarras encombrés d'objets hétéroclites, ainsi qu'une pièce meublée d'un paravent et d'une table de toilette au marbre abîmé portant encore un broc dans sa cuvette de faïence – ce qui avait dû être, en des temps reculés, une salle de bain.

Lupita ne s'attendait pas à autre chose, elle avait visité les lieux avant de signer l'accord. En les examinant d'un peu plus près, elle n'éprouvait pas le moindre regret. Pas un instant elle ne se demanda ce qu'elle faisait là, dans ce cadre vétuste, tout en haut de cette vieille baraque.

Elle ouvrit grand une fenêtre et s'absorba dans la contemplation de la mer, un petit sourire de contentement aux lèvres. Il était loin le temps où sa maman venait la chercher à la villa après son travail, l'arrachant au cocon de la famille Ballestier, ces gens qui lui semblaient si chics et dont elle avait partagé tout le jour la vie paresseuse et luxueuse. Sa pauvre maman, les traits tirés par la fatigue de ses longues heures au service d'une riche famille voisine, avec son chignon branlant et ses vêtements ordinaires, dont, petite Cendrillon chassée du bal, elle prenait la main avec une honte enfantine pour regagner en car leur HLM du quartier nord. Un temps somme toute pas si lointain tant le souvenir de ce bannissement était vif. Mais à présent, tout était changé. À présent, elle était revenue dans la villa Ballestier et personne ne viendrait plus l'en déloger. Elle y était chez elle, enfin presque chez elle. Elle était dans la place.

***

Le 31 juillet, veille des vacances, Hélène, sa dernière patiente reconduite à la porte, ferma son cabinet à 15 heures, excitée comme une écolière. C'est dur, le métier de dentiste. Même équipée d'un matériel ultramoderne, même avec un siège réglable à côté du patient, on est debout la plus grande partie de la journée. On peut avoir mal aux jambes, une ampoule au pied, on peut avoir mal à la tête ou un chagrin d'amour, pas question de laisser paraître son inconfort ou son inquiétude au malheureux qui, au fond du fauteuil, attend la roulette la bouche ouverte et le cœur battant. Il faut rester stoïque, impassible, de préférence en conservant un léger sourire, ou tout au moins une expression paisible et rassurante. Ça n'a l'air de rien, personne ne s'en aperçoit, mais ça demande un gros effort de concentration, de maîtrise de soi, des heures durant, sans possibilité de relâchement. Alors évidemment, après un semestre de ce régime la fatigue se fait sentir, une fatigue physique et mentale.

Toujours allègre, animée d'un regain d'énergie, Hélène alla chercher sa voiture au garage, repassa à son domicile pour prendre ses valises et, tout en ayant garde de laisser ses volets ouverts pour ne pas signaler son absence à d'éventuels cambrioleurs, elle se réinstalla au volant et fila droit sur Antibes.

À son arrivée, le soir tombait. Les rares baigneurs de la côte sauvage rassemblaient leurs affaires éparpillées sur le sable des criques, les promeneurs du sentier littoral regagnaient leurs voitures pour aller se mêler à la foule qui se pressait déjà aux terrasses du port ou dans les charmants cafés des remparts. Les bruits humains s'estompaient faisant place à ceux de la nature, le clapotis des vagues qui venaient mourir sur la plage, les cris des mouettes qui, dans l'espace sonore libéré, recommençaient à se parler entre elles, le bruissement soyeux des feuillages sous la brise.

Hélène alla ouvrir la grille, roula jusqu'à la remise qui leur servait de garage et revint à pied vers la villa qui s'élevait au milieu du parc, majestueuse et en même temps touchante dans sa splendeur désuète. Philippe était en voyage, il s'était enfin offert le périple au Japon dont il lui rebattait les oreilles depuis des années. Lupita avait quitté la villa, pour le peu qu'Hélène en savait elle faisait une croisière dans les Cyclades sur le yacht d'un ami. Antoine n'allait pas tarder à se pointer et la maison se remplirait à nouveau de hurlements de rire, de dégringolades d'escalier, de pétarades de motos, de tous les bruits de la vie trépidante de son jeune frère. Mais en attendant, elle pouvait compter sur quelques jours de tranquillité, de bienheureuse solitude. Elle se prépara un repas léger et monta se coucher dans la belle chambre du premier étage qui avait été celle de sa mère. Presque aussitôt, une fenêtre entrouverte, respirant un air tiède chargé de l'odeur des pins et de senteurs marines, elle s'endormit.

Au matin, un bruit assourdissant à faire trembler les murs la réveilla en sursaut. Une suite de coups violents ponctués d'un écroulement de débris qui martelaient le plancher comme une grêle, juste au-dessus de sa tête. Le temps de comprendre qu'il ne s'agissait pas d'un cauchemar, elle enfila un peignoir et se précipita au deuxième étage.

Vision d'apocalypse : à l'exception d'une seule, probablement un mur porteur, toutes les cloisons étaient par terre, et le sol entièrement recouvert de gravats. Deux ouvriers s'activaient sur le chantier : un jeune gars armé d'un balai qui s'efforçait de repousser les débris et un costaud plus âgé dont l'énorme marteau, à l'instant précis où Hélène arrivait sur le seuil, s'abattit sur le dernier pan de cloison encore debout dans un fracas épouvantable.

— Mais qu'est-ce qui se passe ici ? cria-t-elle pour couvrir le vacarme. Qu'est-ce que ça signifie ?

— Ben vous voyez, on casse ! repartit le plus vieux avec entrain – et sans cesser son balayage le plus jeune fit entendre un rire gai. Il est vrai qu'il y a une forme de plaisir dans l'acte de détruire.

Hélène se présenta d'une voix sévère :

— Je suis la… l'une des propriétaires de la maison. Vous pouvez m'expliquer ?

Le grand costaud abaissa son marteau :

— Bonjour Madame.

— Qu'est-ce que vous faites ici ? Qui vous a permis ? Je ne comprends pas.

— Ah nous, hein, on va où on nous envoie, se justifia-t-il par avance, sentant venir l'engueulade.

Il fouilla dans la poche poitrine de sa combinaison et en sortit une carte défraîchie :

— C'est l'entreprise Maurin. Tenez, voilà leur numéro. Vaudrait mieux voir avec eux.

Hélène lui arracha la carte :

— En attendant, ordonna-t-elle, vous allez arrêter ce chambard immédiatement.

— Ah mais nous, on peut pas arrêter le travail comme ça, protesta l'ouvrier. Il nous faut un ordre du patron.

— Vous allez l'avoir !

Hélène fit volte-face et redescendit furieusement l'escalier. Elle fulminait :

— Non mais vraiment… vraiment… jamais vu ça… c'est scandaleux, inadmissible ! Inimaginable !

Renseignement pris, la commanditaire, l'instigatrice de ce saccage, de cette barbarie, la vandale qui avait rasé tout un étage de *la maison de mémé*, était bien entendu Lupita.

— Nous avons un ordre de la propriétaire, déclara Albert Maurin, l'entrepreneur en charge des travaux, quand Hélène, après plusieurs tentatives car il était le plus souvent absent du bureau, eut réussi à le joindre au téléphone. Madame Addington nous a signé un bon de commande en bonne et due forme.

— Elle n'avait aucun droit de faire ça.

— Elle nous avait montré son acte de propriété. Et elle était venue avec l'architecte, monsieur de Gueydan, un architecte très connu à Antibes, il a aménagé et décoré plusieurs des plus belles propriétés du Cap. Je me suis pas méfié.

— Vous auriez dû !

— Il y avait pas de raison. Elle avait l'air d'une dame sérieuse, avant de partir elle nous a laissé les clés et elle nous a versé un acompte.

— Ah oui, un gros chèque, ça fait tout de suite plus sérieux, persifla Hélène, on se sent immédiatement en confiance.

— Et puis Bruno, je veux dire monsieur de Gueydan (excusez, moi je l'appelle Bruno parce que ça fait longtemps qu'on travaille ensemble), il nous a montré les plans. C'est vraiment chouette ce qu'il a prévu, à votre place je m'inquiéterais pas trop. Franchement, tout ce que ça peut faire c'est ajouter de la valeur à votre maison. Cette dame, on voyait bien qu'elle avait les moyens, pas le genre de cliente à tout arrêter en route.

— La question n'est pas là ! Madame Addington n'est que propriétaire indivisaire, elle n'avait pas le droit d'effectuer des travaux sans l'accord des autres propriétaires.

— Mais ça me regarde pas, moi, vos histoires d'indivision, c'est pas mon affaire ! Moi, j'ai un bon de commande signé et j'ai encaissé un acompte, je peux pas tout laisser en plan sans un ordre du client. Ou alors il faudrait déposer une plainte, qu'il y ait une décision de justice.

— Vous savez où la joindre, votre cliente ?

— J'ai son adresse à Londres et son numéro de portable. Mais c'est pas à moi de m'occuper de ça. Si quelque chose vous plaît pas, vous avez qu'à l'appeler vous-même, conclut rudement l'entrepreneur.

Elle, Hélène, appeler Lupita pendant sa croisière ? La déranger sur le yacht de son milliardaire, l'arracher à son bain de soleil avec ses amis, coupes de champagne à la main, incommoder tout ce joli monde avec des histoires de cloisons abattues, de vulgaires histoires de plâtras ? Aller quémander, jouer les trouble-fête, les pleureuses ? Cette espèce de malappris ne l'avait pas bien regardée.

Elle répliqua, glaciale :

— L'architecte qui surveille les travaux, vous avez son adresse ?

— Son agence est rue des Cordiers, près des Remparts.

Il s'empressa, trop content de se débarrasser d'elle :

— Une seconde, je vous donne ses coordonnées.

Bruno de Gueydan fit tout de suite bonne impression à Hélène. Aucun doute, cet homme avait de la classe. Une distinction naturelle, un mélange de grâce et de parfaite courtoisie allié à une absence totale d'affectation. Un authentique représentant de la noblesse méridionale, jugea-t-elle. Il avait proposé spontanément de venir jusqu'à la villa pour discuter de ce « léger imprévu ». Mais surtout qu'elle ne s'inquiète pas, il n'y avait là rien d'alarmant, on allait rapidement trouver une solution. En tout cas, on ne ferait rien qui lui déplaise puisque, propriétaire indivisaire, elle avait

72

bien évidemment son mot à dire. Il était vraiment navré de ce regrettable malentendu, il la priait d'accepter ses excuses… et ainsi de suite. Architecte d'intérieur, habitué aux scrupules, aux inquiétudes, voire aux souffrances de ses clients quand il s'agissait de l'aménagement de leurs résidences, il avait au fil du temps développé un grand talent de diplomatie.

Comme le rendez-vous était fixé à quatre heures de l'après-midi, Hélène, un peu calmée par sa voix apaisante au téléphone, l'avait reçu dans le jardin, avec une carafe de thé glacé et une assiette de fruits confits. Sa physionomie lui avait plu. Un coup de foudre de sympathie. Il était bronzé, bien sûr, qui ne l'est pas en été sur la Côte d'Azur, mais sans excès, probablement, comme tous les autochtones, plus enclin à se protéger du soleil qu'à s'y exposer. Une première impression, ça pcut être trompeur, on dit qu'il ne faut pas s'y fier. Et pourtant…

Dès ses premières paroles, l'architecte lui parut connaître la maison comme sa poche. Il semblait l'avoir « comprise », comme si d'une certaine façon il se l'était appropriée et allait l'aménager, du moins en partie, sans la trahir. Ceci était dû à son expérience d'architecte, naturellement. Il savait comment les maisons sont faites, à quelle logique leur construction obéit selon l'époque, la région, le site où elles ont été bâties. Les vieilles maisons n'avaient pas de secrets pour lui.

Il commença par l'extérieur : rien ne serait changé, on ne toucherait pas aux fenêtres, il n'était pas question de modifier la façade, tout devait rester dans le même esprit. À peine si on remplacerait quelques carreaux et quelques montants abîmés, qui seraient repeints dans leur couleur d'origine, la même que celle des autres fenêtres, qu'elle se rassure, il n'y aurait pas de dissonance, la façade resterait telle qu'elle était.

Puis il passa à l'aménagement intérieur : là, naturellement, il y aurait pas mal d'améliorations...

Hélène l'écoutait, charmée. En l'entendant décrire la nouvelle salle de bain de Lupita, elle songeait déjà à moderniser de la même façon les deux salles de bain anciennes du premier étage, à remplacer leurs vieilles baignoires aux pieds-de-lion à l'émail terni, leurs robinets dédorés et poussifs. Après tout, on pouvait rénover les salles de bain sans modifier le caractère de la villa.

Bruno de Gueydan était un être captivant. De stature moyenne, un peu râblé, un nez racé, légèrement busqué, de belles mains expressives, des yeux attentifs, même physiquement il plaisait à Hélène. La cinquantaine rassurante, c'était le genre d'hommes auprès desquels les femmes se sentent inexplicablement protégées, dont elles savent d'instinct

74

qu'ils ne leur feront pas de mal. Il ne portait pas d'alliance mais ça ne voulait rien dire : certains hommes l'enlèvent pour faire croire qu'ils sont libres, et d'autres, pour la raison inverse, continuent de la porter même après leur divorce.

Comme Lupita naviguait dans les Cyclades, son architecte n'était pas certain de réussir à la joindre sur son portable, mais elle lui avait laissé un numéro à Mykonos, celui de l'hôtel Poséidon qu'elle appelait régulièrement et qui lui transmettait ses éventuels messages. Bien entendu, il avait déjà pris sur lui de suspendre les travaux. Il savait d'avance que madame Addington aurait à cœur de ne pas troubler plus longtemps les vacances d'Hélène. Tout ce désagrément était dû au fait que l'entreprise Maurin avait pris du retard. En réalité, il était prévu que cette première tranche, la démolition des cloisons, serait finie le 30 juillet, et que les travaux ne reprendraient qu'à l'automne, après les vacances. L'entrepreneur était seul responsable de ce fâcheux contretemps.

Ses explications terminées, il s'attarda, accepta un autre verre de thé glacé. Il n'avait pas l'air pressé de partir. Hélène eut l'impression qu'il se trouvait bien auprès d'elle. Mais ce n'était peut-être pour lui qu'un moment de repos, un entracte qu'il s'accordait dans la douceur de cette fin d'après-midi. Ils parlèrent de choses et d'autres, du temps qu'il faisait, de la saison qui était bien partie. Heureusement, les habitants de cette belle villa, nichée dans son vaste parc, seraient à l'abri de l'invasion des touristes... Du *small talk*, comme disent les Anglais.

Puis il se leva, la remercia de son hospitalité, dont il ne voulait pas abuser. Hélène l'accompagna jusqu'à la grille et, tandis qu'ils marchaient dans l'allée, son sentiment qu'il y avait entre eux comme une entente se confirma. Ils avançaient au même rythme tranquille, comme s'ils retardaient d'un commun accord le moment de se séparer.

Hélène pensa à lui longtemps après son départ. Pendant qu'elle mettait de l'ordre, lavait les verres, son image ne la quittait pas, accompagnée d'un sentiment très doux, comme si un espoir se profilait. Sûrement, ils se reverraient. Si elle ne s'était pas trompée, si cet homme extraordinaire avait ressenti la même chose qu'elle, il trouverait bien un prétexte pour reprendre contact.

Mais brusquement elle redescendit sur terre. Qu'est-ce qui lui arrivait ? Était-elle en train de perdre la tête ? Bruno de Gueydan devait être marié, probablement avec une femme de son milieu, noblesse ou grande bourgeoisie du Midi, il avait une famille, des enfants, peut-être adultes. Ou bien il en était à son second mariage, avec une femme très belle, et il était le père de très jeunes enfants. Un homme comme lui devait avoir

76

le choix. C'était quelqu'un dans sa région, la brillante et cosmopolite Côte d'Azur, il avait des relations, un large cercle d'amis. Il n'allait pas s'intéresser à une dentiste lyonnaise quadragénaire. Elle s'adressa à elle-même un rire moqueur et chassa ses rêveries de midinette de sa tête.

Lupita réapparut trois jours plus tard, escortée d'un chauffeur de taxi portant ses bagages, une valise de taille moyenne et un grand sac de cuir. Elle arrivait tout droit de l'aéroport de Nice, mille excuses et protestations de regret aux lèvres. Le chauffeur parti, elle répéta à Hélène ce que lui avait déjà dit l'architecte : tout était de la faute de l'entreprise qui n'avait pas respecté ses délais, elle en était profondément confuse et désolée. Est-ce que je peux vous embrasser, chère Hélène ? Je vous ai apporté un petit quelque chose pour me faire pardonner, reprit-elle après une rapide étreinte. Tout en parlant, elle ouvrit son sac de voyage. Elle en sortit une caissette, en apparence assez lourde, qu'elle posa sur une table et dont elle retira le contenu avec précaution. C'était une sculpture, un fragment de statue comme on en trouve par centaines chez les antiquaires d'Athènes. En l'occurrence, un fragment de tête de femme en marbre blanc, grandeur nature, fixé par une tige métallique sur un socle rectangulaire de marbre gris. Manquaient le crâne, qui semblait avoir été tranché net d'un coup de hache, et la partie droite du visage, un tiers environ. L'autre côté, intact, présentait un ovale parfait ; l'œil et la bouche sculptés avec précision avaient une expression ironique et lointaine.

— Comme elle est émouvante ! s'exclama Hélène. On la croirait authentique.

— Elle l'est, dit Lupita. Du moins l'antiquaire me l'a vendue pour telle. Le certificat d'authenticité est dans la boîte. C'était une statue de la période hellénistique.

— Je ne sais comment vous remercier, c'est vraiment gentil. Elle est tout simplement magnifique. Je l'installerai dans mon cabinet, elle fera très bien dans ma salle d'attente.

Hélène offrit un verre, qu'elles burent sans façon dans la cuisine. Lupita lui parla un moment de la Grèce, qu'elle connaissait assez bien pour l'avoir visitée à plusieurs reprises en compagnie de son mari, grand connaisseur de la civilisation hellénique et amateur de ruines antiques, comme c'est le cas de beaucoup d'Anglais.

Puis elle sortit son portable :

— Il faut que je réserve une chambre à l'hôtel, je n'ai pas eu le temps de m'en occuper. J'espère seulement qu'ils en auront encore de libres.

— Mais non voyons, proposa poliment Hélène après une hésitation. Si vous voulez, vous pouvez dormir ici. Puisque votre appartement est en travaux, vous prendrez la chambre de Philippe. Il est en voyage au Japon et ne reviendra pas avant la fin du mois. Nous en avons bien une autre mais celle de Philippe est plus spacieuse et elle a une plus jolie vue.

Une semaine s'était écoulée et Lupita était toujours là. Hélène se demandait quel plaisir elle pouvait bien trouver à dormir dans une chambre désuète et pas très confortable de la villa, alors qu'elle aurait pu s'offrir une suite à l'Hôtel du Cap ou dans un palace cannois. Quitte à paraître inhospitalière, elle avait risqué :

— Vous ne seriez pas mieux à l'hôtel ?

— Sûrement pas ! s'était exclamée Lupita. Les hôtels, c'est amusant un moment, mais ici c'est une vraie maison. Je venais y jouer avec Antoine, j'y ai de bons souvenirs.

— Et maintenant, vous y êtes chez vous, elle est un peu devenue la vôtre ?

— Je n'irai pas jusque-là mais, comment dire, cette maison ne m'est pas étrangère. J'y suis attachée sentimentalement.

Bon gré mal gré, les deux femmes apprenaient à se connaître. Hélène était bien obligée d'admettre que

Lupita avait de bons côtés. Par exemple, en l'absence de la femme de ménage qui ne venait que trois fois par semaine, cette jeune femme devenue richissime ne rechignait pas aux tâches ménagères dont elle s'acquittait avec une remarquable efficacité : son expérience dans les métiers de l'hôtellerie, bien sûr. Elle savait cuisiner, mais aussi réparer les pannes, les plombs sautés ou les serrures coincées, tous les petits problèmes qui survenaient l'un après l'autre dans cette vieille bâtisse.

Ce qui ne l'empêchait pas de s'amuser. Elle s'était déjà rendue deux fois à Cannes où elle semblait avoir beaucoup d'amis. Elle y allait en taxi – celui qui l'avait conduite de l'aéroport à la villa la première fois – et il devait lui accorder la priorité car, même quand l'envie d'aller faire un tour la prenait subitement, il la faisait rarement attendre.

— Vous ne conduisez pas ? s'était étonnée Hélène.

— J'en ai perdu l'habitude. Mon mari me prêtait son chauffeur, la circulation est si compliquée à Londres. Et je serais probablement une très mauvaise conductrice en France à cause de la conduite à droite.

Il lui arrivait de rentrer très tard de ses virées cannoises et c'étaient alors ses amis qui la reconduisaient. Une nuit, Hélène, qui était insomniaque et se trouvait vers trois heures du matin dans la cuisine où elle était descendue grignoter quelque chose, avait entendu des claquements de portières, des voix fortes, des rires avinés. Un instant plus tard, voyant la lumière allumée, Lupita avait surgi, ébouriffée, les yeux anormalement brillants, visiblement pompette :

— Vous ne dormez pas ?

Hélène lui avait préparé une tisane et elles avaient bavardé un moment. Peut-être à cause de l'alcool ingurgité au cours de la soirée, Lupita s'était un peu livrée, elle lui avait parlé de son existence à Londres, de son mari, son « pauvre David » qu'elle semblait sincèrement regretter.

Comme, en transit entre les Cyclades et son domicile londonien, elle avait apporté peu de bagages (ce qui avait d'abord fait espérer à Hélène qu'elle ne s'éterniserait pas), elle s'achetait des vêtements, de très jolies choses qu'au retour de ses courses elle essayait en tourbillonnant devant Hélène, qu'elle n'oubliait d'ailleurs pas. Chaque fois, elle lui rapportait quelque chose de joli : un foulard, un chemisier de soie, toujours de grande marque, Hermès, Valentino, Gucci… et ces attentions étaient loin de laisser Hélène indifférente.

Car il se trouvait que depuis quelque temps elle était redevenue coquette. Sa chevelure commençant à grisonner, elle était allée chez le coiffeur qui lui avait fait une teinture proche de sa couleur naturelle mais plus intense et plus éclatante, un châtain aux reflets cuivrés qui mettait ses yeux bleus en valeur. Constatant en montant sur sa balance, ce qu'elle n'avait pas fait depuis plusieurs semaines, qu'elle avait trois ou quatre kilos à perdre, elle s'était mise au régime. Et elle avait recommencé à se maquiller, légèrement mais tout de même : un trait de crayon pour redessiner ses sourcils, un peu d'eyeliner au coin des paupières, un soupçon de rouge à lèvres corail qui ressortait bien sur son hâle. Et ça lui réussissait, Lupita l'avait remarqué : il y avait quelque chose de changé chez elle, de plus gai, de plus lumineux.

Elles avaient bien eu une discussion un peu difficile, une mise au point au sujet des travaux entrepris à l'insu des autres indivisaires, de ce qu'il fallait bien appeler un manque de délicatesse. Cette fois encore, Lupita avait fait amende honorable. Elle regrettait sincèrement son étourderie, elle n'était qu'une écervelée, elle s'en rendait bien compte, mais cela lui avait paru si peu de choses, juste quelques petites améliorations au dernier étage. D'ailleurs, tout avait été arrêté, les travaux ne reprendraient qu'à la date choisie par Hélène et par son frère Philippe. Et il allait de soi qu'on ne ferait rien sans leur accord, on leur soumettrait tous les plans. Justement, l'architecte chargé de l'aménagement devait revenir un de ces prochains jours pour discuter de la décoration intérieure, Hélène pourrait prendre connaissance du projet et aurait tout loisir de faire des suggestions.

Bruno de Gueydan traversait le parc d'un pas alerte, en balançant l'étui de son MacBook, à la rencontre de Lupita qui l'attendait dans le jardin. Moitié par timidité, moitié par calcul, Hélène laissa passer quelques minutes puis, après un coup d'œil dans le miroir de l'entrée, elle les rejoignit. Elle s'était maquillée avec soin et portait une robe de lin blanc à bretelles d'un style à la fois classique et juvénile.

L'architecte avait déjà ouvert son ordinateur et donnait des explications à sa cliente. Voyant Hélène, il s'interrompit, se leva. Il y eut un échange de bonjours très formel. Elle surprit quand même un éclair d'admiration dans ses yeux : elle rayonnait.

Puis il se rassit et continua sa démonstration. Discrètement, Hélène prit une chaise à la gauche de Lupita, juste assez près pour voir les images qui se succédaient en 3D sur l'écran. Tout en poursuivant ses explications, l'architecte jetait de fréquents coups d'œil vers elle, comme s'il quêtait son approbation, mais c'est à Lupita qu'il posa la question :

— Qu'est-ce que vous en pensez ?

— Ça me va, dit Lupita.

Elle se tourna vers sa voisine :

— Et vous, chère amie, qu'en pensez-vous ?

Hélène ne savait que dire. Ce qu'on lui présentait était très éloigné de tout ce qu'elle aurait pu imaginer pour la maison familiale. C'était dépouillé, fonctionnel, pas vraiment en harmonie avec les autres étages du bâtiment.

Gueydan avait cessé de parler, il attendait sa réponse et il lui sembla que, dans son attitude attentive, il y avait quelque chose de plus que de la sollicitude envers une cliente ou envers quelqu'un qui a son mot à dire et qu'on doit ménager. Elle eut l'impression que son avis sur son travail comptait pour lui.

— C'est moderne, dit-elle. C'est sobre, ça a beaucoup de classe.

Il refusa le thé qu'elles lui proposaient : il aurait tant aimé rester encore un moment auprès d'elles, dans leur délicieux jardin, mais il avait un autre rendez-vous, hélas.

Et il s'en alla.

Hélène se sentit frustrée : tous ces préparatifs, le coiffeur, une nouvelle robe, toute cette agitation, cette émotion pour une réunion d'un petit quart d'heure où elle n'avait pas prononcé trois paroles. Elle se raisonna : Bruno de Gueydan avait une profession très prenante, il n'était pas maître de son temps. Et les hommes sont si lents, ils ne s'emballent pas comme les femmes, ils ont peur de leurs sentiments. Elle devrait

84

se montrer patiente. Il s'était passé quelque chose entre eux, elle l'avait senti, elle en était sûre. Un jour ou l'autre, il appellerait.

Et Antoine refit son apparition, casqué et botté, sur sa nouvelle moto (une Moto Guzzi V7 Stone, la présenta-t-il avec fierté, comme s'il s'était donné la moindre peine pour l'avoir), impressionnante, quoique empoussiérée par le trajet depuis Paris qu'il avait pratiquement fait d'une traite.

Remettant les embrassades à plus tard, il devait d'abord prendre une douche, il monta dans sa chambre du premier étage, le même étage que les autres chambres de la famille, mais située un peu à l'écart, au bout d'un couloir, sa chambre d'ado qu'il avait lui-même choisie parce qu'il pouvait mettre sa musique à fond ou recevoir ses copains sans gêner personne.

Hélène le suivait des yeux avec un sourire amusé. Comme d'habitude, il ne l'avait pas avertie de son arrivée, il n'avait pas pris la peine de téléphoner ou d'envoyer un SMS. Il arrivait, divine surprise, comme si sa maman était toujours là, prête à l'accueillir, *comme s'il était toujours chez lui*. Un fils gâté, avec l'assurance insolente de ceux qui ont été très aimés, très protégés, la conviction que c'est parfaitement normal et que ça ne s'arrêtera jamais. Elle s'en amusait, et en même temps elle s'en inquiétait : pour l'instant, son jeune frère était riche, il allait recommencer à se laisser vivre trois ou quatre ans, peut-être cinq s'il n'était pas trop dépensier, tout comme il l'avait fait avec l'héritage de leur père. Et après ? Qu'est-ce qu'il ferait quand cet argent serait épuisé ? Il aurait déjà trente-cinq ans. Dans quelle carrière peut-on débuter à trente-cinq ans ?

La vie à la villa reprit son cours, la vie insouciante et légère des vacances. Hélène se baignait, lisait, se reposait. Antoine s'était remis à sa peinture. Il s'était fait livrer deux douzaines de toiles vierges et il avait repris sa série des marines. Il travaillait tout l'après-midi, ce qui avait l'avantage de faire passer le temps – les après-midis peuvent sembler longs en vacances –, et le soir il sortait avec ses copains dans les boîtes en plein air, sur les terrasses du bord de mer, ou dans des fêtes privées à Antibes ou à Juan-les-Pins.

Lupita sortait de son côté. Elle allait retrouver ses riches amis de la Côte ou bien elle allait faire des courses, visiter des musées, se promener sur la plage. De temps en temps, elle nageait, un long aller et retour crawlé, mais ne s'étendait jamais au soleil. Du matin au soir, elle allait et venait, virevoltante. Une hyperactive, avait diagnostiqué Hélène. Mais quel vide cherchait-elle à combler, quelle anxiété l'étreignait dès qu'elle s'arrêtait pour qu'il lui fallût sans cesse trouver « quelque chose à faire » ?

Une nuit, en rentrant d'une de ses virées cannoises, parvenue au milieu de l'allée qui conduisait à la villa, Lupita aperçut non loin de la lisière du parc, au pied d'un arbre, une masse sombre qui se découpait nettement dans le clair de lune. Elle s'approcha sans bruit. C'était un homme étendu dans un sac de couchage, la tête reposant sur son blouson replié. Un homme jeune et de grande taille. Probablement un vagabond ou un voyageur pédestre qui avait jugé plus prudent de dormir dans le parc d'une propriété privée, à l'abri des agressions ou des vols, toujours possibles sur la plage ou dans un jardin public. Franchir le mur qui l'entourait était un jeu d'enfant pour un gaillard de cette taille. Elle prit quelques photos en rafale avec son iPhone et, de peur de le réveiller, évitant le gravier de l'allée elle continua sur l'herbe son chemin vers la maison.

Il y avait de la lumière dans la cuisine. Hélène, en panne de sommeil, devait être descendue manger quelque chose, un estomac plein aide à s'endormir. Lupita entra dans la villa par une porte latérale et rejoignit sa chambre sans la déranger.

Le lendemain matin, munie de son iPhone, elle revint à l'endroit où elle avait découvert l'homme assoupi. Elle n'eut pas de mal à le repérer : le sac de couchage avait laissé son empreinte, une traînée d'herbe aplatie ; un peu plus loin gisaient un trognon de pomme et une tranche de pain entamée, reliefs négligemment jetés à terre d'un petit-déjeuner que les oiseaux se chargeraient de faire disparaître. Elle prit encore quelques photos et rentra.

Le plus souvent, Antoine s'installait dans un coin du salon, près d'une fenêtre orientée au nord – « nord-nord-est », comme il disait. Il n'aimait pas peindre dehors. Pendant son précédent séjour, il avait peint les premières marines de sa série à l'extérieur, mais à présent il partait le matin avec un bloc, s'arrêtait dans un endroit qui lui plaisait, exécutait un rapide croquis et se contentait de noter les couleurs. Il n'avait plus qu'à retourner peindre tranquillement chez lui, à l'abri du vent, du soleil et des commentaires des badauds. Après tout, jusqu'au XIXe siècle, les tableaux de paysage étaient peints dans les ateliers.

Hélène et Lupita tournicotaient bien un peu autour de lui mais ça ne le dérangeait pas trop. Lupita avait l'air d'apprécier sa peinture.

— C'est très joli, ce que tu fais, lui dit-elle un jour, ça me plaît beaucoup.

— Il est doué pour tout, mon petit frère, confirma Hélène, la peinture, la musique, il a même joué un petit rôle dans un film. Seulement, il ne va jamais au bout de rien.

— Il a quand même achevé pas mal de toiles, il y aurait presque de quoi faire une expo, lui fit remarquer Lupita.

— Une vingtaine, dit Antoine, et je pourrais en peindre quelques-unes de plus.

— Encore faudrait-il qu'il trouve une galerie, quelqu'un qui veuille bien l'exposer.

— Ça se loue une galerie, répliqua Lupita. Et ils ont un fichier clients auxquels ils envoient des invitations pour le vernissage.

— Les gens viennent, dit Antoine, c'est toujours amusant d'aller boire un coup et de se montrer.

— Ce n'est pas pour ça qu'ils vont acheter, dit Hélène.

En dépit du peu d'enthousiasme de la sœur de l'artiste (Hélène avait un côté rabat-joie, ses frères la taquinaient souvent là-dessus), l'idée d'une exposition trotta dans la tête de Lupita et le lendemain elle remit le sujet sur le tapis.

— Tu crois que tu serais prêt, Antoine, par exemple d'ici une dizaine de jours ?

— Sans problème, j'ai plusieurs toiles qui sont presque sèches, et les dernières, on pourra les accrocher comme elles sont. *Work in progress*, ajouta-t-il non sans un soupçon de pédanterie.

— Finalement, je me suis dit qu'on pourrait faire ça ici, continua Lupita. Inutile de s'embêter à chercher une galerie.

— Comment ça, ici ? sursauta Hélène. Dans le salon, vous voulez dire ?

— Non, pas dans le salon. Avec les visiteurs, on serait quand même à l'étroit. Mais on pourrait faire une expo dans le parc. On accrocherait les toiles aux troncs d'arbres.

— Ah bon, et s'il se mettait à pleuvoir ?

— Ce serait vraiment pas de chance. Mais c'est peu probable en cette saison, et puis on consultera la Météo. Vous verrez, ce sera tout à fait charmant tous ces tableaux exposés dans la pinède. Les gens les découvriront en se promenant, ce sera une expérience un peu magique, poétique…

Elle parle déjà comme si c'était fait, se rebella Hélène *in petto*. On reconnaît la femme habituée à imposer toutes ses volontés.

— … Et on organisera un beau vernissage, j'amènerai mes amis. Ce sera beaucoup mieux que le fichier d'une galerie quelconque. Et puis Antoine invitera ses copains, tous ces jeunes gens turbulents, ça mettra de l'ambiance. Il y aura un buffet, du

90

champagne, ce sera comme une grande fête champêtre. Tu es d'accord, Antoine ?

— Ça roule. Mes copains sont toujours partants pour faire la fête.

— Et qui s'occupera du buffet ? s'enquit âprement Hélène, laquelle se voyait déjà cantonnée pendant deux jours dans la cuisine à préparer d'énormes compotiers de salade et à tartiner des mini-toasts par centaines.

— Ne vous inquiétez pas, chère Hélène, il y a des entreprises pour ça, des gens dont c'est le métier d'organiser des réceptions. Ils apportent tout, même les meubles, et quand c'est fini, ils nettoient et débarrassent. Ils laisseront la maison comme ils l'ont trouvée. Vous n'aurez à vous soucier de rien.

De plus en plus emballée par son projet, qu'elle enrichissait au fur et à mesure, Lupita enchaîna :

— Et le soir, on fera venir un disc-jockey et on dansera.

— Sur le gravier ? objecta Hélène.

— Bien sûr que non ! On fera poser un plancher amovible, une jolie piste circulaire.

— Tout ça pour un seul jour d'expo !

— Hélène a raison, dit Antoine. Dans une galerie, mes tableaux resteraient exposés au moins deux semaines.

— Avec trois ou quatre visiteurs par jour, des gens qui viendront flâner, certainement pas des acheteurs.

Crois-moi, tu feras plus de ventes avec mes amis en un soir qu'en quinze jours dans une galerie.

— Évidemment, ils se sentiront obligés d'acheter !

— Merci du compliment, ma chère sœur.

— T'inquiète pas, mon petit Antoine. Mes amis sont très généreux et ils aimeront ta peinture. Tes tableaux plairont, j'en suis certaine. D'ailleurs, rien ne nous empêche de maintenir l'expo pendant quelques jours après le vernissage.

— Prolonger l'expo ? s'alarma Hélène. Et comment ferait-on ? Qu'est-ce que vous avez encore en tête ?

— Et bien, la nuit, on protégera les toiles avec un plastique, et le jour, on mettra un panneau à l'entrée du parc et nous ouvrirons le portail. Les promeneurs de passage seront curieux, ils entreront.

— Vous voulez faire entrer des inconnus dans la propriété ? Des passants, des personnes dont nous ignorons tout ?

Hélène était ulcérée, telle une duchesse désargentée obligée d'ouvrir pour la première fois son château à des visiteurs payants. Ouvrir la villa au public, ça ne s'était jamais fait, ce n'était même pas pensable.

Mais Lupita commençait à s'impatienter.

— Ma chère Hélène, il ne faut pas avoir peur de tout, autrement on ne fait jamais rien. Tout se passera très bien, vous verrez. Et il y aura plein de gens intéressants au vernissage. J'inviterai Sylvaine Leleu…

— La violoniste ?

— Elle-même, la célèbre violoniste en personne, c'est une amie. Elle se repose à Cannes, en ce moment. Et Germain Dulac, le producteur, un homme charmant dont la conversation est absolument tordante, il nous racontera plein d'anecdotes sur le cinéma. Et tout un tas de gens amusants et brillants.

Hélène était tentée. Sans être snob, elle ne voyait pas d'un mauvais œil la présence de gens célèbres à la villa, surtout la violoniste. Hélène aimait la musique classique et elle avait une grande admiration pour Sylvaine Leleu. Elle demanda, devenue soudain plus conciliante :

— Nous serons nombreux ? C'est une responsabilité, quand même. Imaginez, s'il arrivait quelque chose. Avec tout le matériel qui va entrer ici, la piste de danse, les projecteurs…

— S'il arrivait quelque chose à cause du matériel, c'est l'entreprise qui serait responsable, l'informa Lupita sans s'émouvoir.

— Je pensais à notre responsabilité morale…

— Il n'arrivera rien, la coupa Antoine, impatienté à son tour, arrête de faire ton bonnet de nuit. Allez, ma grande sœur chérie, dis oui pour faire plaisir à ton petit frère !

— Et puis tiens, ajouta Lupita prise d'une heureuse inspiration, j'inviterai Bruno de Gueydan, mon architecte. Je suis sûre qu'il sera ravi.

Il y eut un silence, pendant lequel les dernières réticences d'Hélène parurent fondre comme neige au soleil.

— Ah, et puis faites ce que vous voulez, consentit-elle enfin. Je voudrais seulement être sûre qu'il ne se passera rien d'embêtant.

— J'y veillerai, la rassura Lupita. Soyez tranquille, je m'occupe de tout. Vous pouvez dormir sur vos deux oreilles.

L'invitation au vernissage était pour six heures. À six heures quinze, une vingtaine de personnes étaient déjà là et commençaient à rôder autour du buffet, comme aimantées par les plateaux de canapés, de bouchées, de petits-fours offerts à profusion sur une nappe immaculée. À chaque bout, légèrement surélevés, des magnums de champagne attendaient au frais dans de gigantesques seaux argentés. Juste en dessous, un bataillon de flûtes parfaitement alignées scintillaient sous les rayons du soleil couchant. L'idée que Lupita se faisait d'une « fête champêtre ». Un barman en veste blanche s'affairait derrière son bar tout en surveillant du coin de l'œil les tactiques d'approche des invités. Les serveurs ont aussi leur part d'amusement dans les réceptions.

À six heures trente, c'était presque la foule, rassemblée par petits groupes devant la maison, côté façade. Antoine sur ses talons, Lupita allait de l'un à l'autre, présentant l'artiste, le héros du jour, à ses nombreuses relations. Un peu à l'écart, Hélène observait tout ce joli monde, ces *beautiful people* dont elle n'aurait jamais imaginé qu'ils franchiraient un jour le seuil de la propriété familiale. Bronzage de rigueur, dents trop blanches hors de prix (elle était bien placée pour le savoir), rires sonores, bras largement ouverts, accueillants, compliments réciproques sur les robes ou sur la bonne mine. On aurait dit que ces gens, qui ont pourtant les mêmes soucis que n'importe qui, peines de cœur ou soucis de santé, voire, à leur échelle, ennuis d'argent, se transformaient tous ensemble et d'un commun accord en êtres touchés par la grâce, presque surnaturels à force d'être heureux, et à chaque fois contents, si contents de se voir… Et elle se disait qu'au fond il y fallait un certain courage. Oui, il fallait une sorte de résolution entêtée pour se rendre quatre ou cinq fois par semaine, fatigué ou non, dans une soirée où on devait absolument être vu, ou simplement pour ne pas désobliger une maîtresse de maison, au risque de n'être plus invité, et alors on ne compte plus, on n'est plus personne.

De temps en temps, quelqu'un allait faire un tour dans le parc, à pas lents, s'arrêtant devant les toiles exposées qu'il contemplait d'un air pensif et averti. Plusieurs d'entre elles étaient déjà vendues, ornées d'une pastille rouge en manière d'encouragement pour de futurs amateurs.

Bruno de Gueydan ne se montrait pas. Hélène jetait de fréquents coups d'œil sur l'allée centrale qui restait déserte puisque le plus gros des invités était désormais sur place. Déçue comme une lycéenne amoureuse, elle commençait à se dire qu'il ne viendrait pas quand enfin elle le découvrit dans la foule. Il n'était pas très grand, raison pour laquelle elle ne l'avait pas repéré plus tôt. Aux côtés de Lupita, il parlait avec animation au milieu d'un groupe. Les gens l'écoutaient. Il portait un blazer marine et une chemise à fines rayures bleu ciel qui faisait ressortir son hâle. Hélène le trouva beau, sexuellement attirant.

À son approche, il s'interrompit pour la saluer et désigna une très belle femme qui le dépassait d'une tête et devait bien avoir vingt-cinq ans de moins que lui :

— Permettez-moi de vous présenter Olivia, mon épouse. Madame Hélène Ballestier, l'une des propriétaires de cette belle maison.

Hélène encaissa durement le coup mais réussit à faire bonne figure. Elle prit la main qu'on lui tendait, répondit au sourire. Non mais qu'est-ce qu'elle avait cru ? Qu'est-ce qu'elle était allée s'imaginer ? Décidément, elle était vraiment trop bête. Pauvre sotte qu'elle était.

Elle s'acquitta d'un temps de présence convenable puis elle s'éloigna et regagna son poste d'observation. Son regard revenant malgré elle sur Bruno de Gueydan, elle remarqua qu'il avait quitté son groupe et le retrouva, un peu en retrait, sous les arbres du parc, en conversation avec un homme dont le visage, à elle qui ne connaissait pratiquement personne de l'assemblée, disait quelque chose.

— Qui c'est ce type, là-bas, celui qui discute avec l'architecte ? demanda-t-elle à son frère qui, la voyant seule, était venu lui tenir un peu compagnie. J'ai l'impression de l'avoir déjà vu quelque part.

— C'est Paoli, Andria Paoli. Tu as dû le voir à la télé.

— Paoli le promoteur ? Cette espèce de crapule ?

— C'est un promoteur, il fait son métier.

— C'est bien lui qui avait détruit presque un kilomètre de villas anciennes sur la côte varoise pour y construire une rangée d'immeubles...

— C'était à côté de Toulon.

— ... Des immeubles de dix étages qui bouchent la vue ?

— Ils bouchent pas la vue de ceux qui sont dedans.

— En tout cas, ça avait fait un sacré scandale. Rappelle-toi, il y avait eu des plaintes, des histoires de malversations…

— Qu'est-ce que tu veux que je te dise ? Il a dû s'en tirer puisqu'il est là.

— Je voudrais bien savoir ce qu'ils mijotent, poursuivit Hélène sans quitter les deux hommes des yeux. De quoi ils peuvent bien parler ?

— Probablement de leur boulot. Ils travaillent tous les deux dans la région, ils se côtoient forcément. Ils font sûrement des affaires ensemble.

— Qui l'a invité ?

— Lupita, je suppose. Il fait peut-être partie de sa petite bande cannoise.

Ils se turent : une fille accourait vers eux, bondissante. Hélène reconnut la jeune fille serviable qui s'activait depuis deux jours dans le parc pour aider à l'accrochage des tableaux. Depuis le début de la soirée, elle se tenait là, au milieu de cette galerie sylvestre, à la disposition des visiteurs pour les accompagner et répondre à leurs questions. C'était elle aussi qui collait les pastilles rouges après les ventes et qui en tenait le registre.

— Excusez-moi… Antoine, amène-toi en vitesse, j'ai un amateur qui voudrait te parler.

— Je te rejoins.

— Elle a l'air dynamique, ta copine, dit Hélène.

98

— Corinne ? Elle est hyper gentille et très futée. Mais c'est pas ma copine. C'est *une* copine.

Aux alentours de huit heures, alors que les invités les plus sages commençaient à quitter les lieux, les amis d'Antoine déboulèrent presque en même temps, comme s'ils s'étaient donné le mot, au moment précis où le disc-jockey posait un premier disque sur sa platine, « Da Ba Dee » du groupe Eiffel 65, qui eut pour effet immédiat de propulser les nouveaux arrivants sur la piste.

Et la vraie fête commença, débridée et tapageuse.

Une belle fête, une soirée réussie, se félicitait Antoine quelques heures plus tard, affalé dans un fauteuil du jardin, dans la nuit tiède désormais silencieuse. Hélène et Lupita étaient parties se coucher depuis longtemps ct il avait été obligé de pousser ses copains dehors. Même après le départ du DJ, ils seraient bien restés à boire et à rigoler jusqu'à l'aube, puis ils se seraient endormis sur place et, demain matin, Hélène les aurait trouvés étalés sur les canapés du salon ou sur l'herbe du parc. Il aurait fallu leur faire du café, mettre à griller des tartines…

Il avait vendu plusieurs tableaux, ce qui est toujours flatteur et stimulant pour un artiste. Autre chose que pour sa première exposition, une dizaine d'années plus tôt, où il n'en avait vendu qu'un seul, et encore s'agissait-il d'un achat de complaisance. Il est vrai qu'à l'époque, débutant, il était empêtré dans diverses influences et ne parvenait pas à trouver sa voie. Mais à présent, il était revenu à la figuration, à une démarche plus simple, plus spontanée. Ce n'était sûrement qu'un point de départ, il évoluerait, mais il sentait qu'il tenait le bon bout. Il devait bien y avoir quelque chose de valable dans sa peinture puisqu'elle avait eu un tel succès.

Et ce n'était pas fini. Hélène avait finalement donné son accord pour que l'expo reste ouverte encore trois jours – le temps que les acheteurs du vernissage viennent régler et récupérer leurs tableaux –, accessible au public sous la surveillance de la dévouée Corinne. Sans doute en vendrait-il encore quelques-uns et, peut-être, s'il avait de la chance, sait-on jamais, un galeriste important passerait-il par là...

Gagné malgré son excitation par une brusque envie de dormir, Antoine abandonna son fauteuil et rejoignit sa chambre. Une belle fête, oui, se répétait-il entre deux bâillements en grimpant l'escalier, réussie à tous points de vue, et peut-être la plus belle soirée de toute sa vie.

3

C'était un lundi et, comme tous ceux qui n'aiment pas leur travail et le jugent indigne d'eux, Brigitte Faber entamait sa semaine de mauvaise grâce. Qui aurait pu penser qu'elle en arriverait à tenir un emploi aussi médiocre, elle qui pas plus d'un an plus tôt travaillait encore aux Établissements Cuir-Alp, la fabrique de petite maroquinerie (étuis, ceintures, portefeuilles...) où elle était entrée toute jeune comme apprentie et où elle avait progressé jusqu'à devenir cheffe d'atelier. Hélas, incapable de faire face à une concurrence qui délocalisait sa main-d'œuvre, sans parler de celle du faux cuir qui leur causait beaucoup de tort parce qu'il ressemblait de plus en plus à du vrai, son entreprise avait dû fermer ses portes. Après tout ce temps dans la boîte, elle avait eu une belle indemnité avec laquelle, prudente, elle avait soldé le crédit de son logement. Plus naturellement ses allocations de chômage, qui lui avait permis de tenir un peu plus d'un an. Mais ses tentatives pour retrouver un emploi dans

101

une entreprise industrielle étaient demeurées vaines. Personne, nulle part, n'avait besoin d'une cheffe d'atelier, ni même d'une ouvrière approchant la cinquantaine. Trente années d'efforts pour se retrouver, à quarante-neuf ans, femme de ménage.

Elle gara sa Twingo, elle aussi d'un certain âge, devant la remise et descendit en claquant la portière. Il était huit heures piles. Même à contrecœur, Brigitte Faber restait consciencieuse et ponctuelle.

La villa était silencieuse, la maisonnée dormait encore. Tant mieux, elle ne les aurait pas sur le dos avant un moment. La plus jeune, la veuve, elle avait ses humeurs et elle n'était pas toujours polie, mais c'était encore supportable. C'était surtout l'autre, la dentiste, qui l'énervait, une personne très autoritaire et une vraie maniaque de la propreté. Sans parler du frère cadet, l'artiste peintre, qui faisait sa peinture dans le salon et mettait du bazar partout.

Elle allait commencer par se faire un café. Car il y avait du boulot dans cette baraque, trois demi-journées par semaine, c'était un peu juste pour tenir propre une maison de cette taille. Heureusement, le dernier étage était en travaux, c'était toujours ça de gagné. Elle entra par derrière sans se servir de sa clé, la porte-fenêtre restait ouverte la plupart du temps, traversa l'office et poussa la porte de la cuisine…

Un cri déchirant, un long hurlement de stupeur et d'horreur réveilla Lupita en sursaut. Elle enfila sa robe de chambre et courut jusqu'à l'escalier. La femme de ménage était au milieu du hall, en pleurs, le visage décomposé par l'effroi. « Ah Madame… Madame… », ne savait-elle que répéter d'une voix étranglée.

— Qu'est-ce qui se passe, Brigitte ? Qu'est-ce qui vous arrive ? l'interrogea Lupita par-dessus la rampe.

— Dans la… dans la cui… sine… parvint à articuler Brigitte.

Lupita entreprit la descente, suivie d'Antoine alerté par le bruit. Ils se hâtèrent, laissant leur femme de ménage clouée sur place, tétanisée. Un animal, peut-être, supposait Antoine, un gros rat, ou bien un serpent échappé d'un zoo ou de la propriété d'un amateur d'animaux exotiques…

Ce qu'il découvrit le fit vaciller comme un coup de poing. Dans l'ombre qui baignait la pièce, les volets presque entièrement rabattus, sa sœur gisait à terre. Elle avait glissé de sa chaise, laquelle s'était renversée tout près d'elle. Hélène était tombée sur son côté droit. Ses jambes étaient encore repliées, une jambe de son pyjama retroussée, mais son torse et sa tête avaient basculé face contre le sol. À la base de son crâne, du sang coulait d'une plaie noire mêlée de cheveux collés et tombait en filet sur une flaque dont les bords commençaient à coaguler. Au bout de son bras gauche, sa main s'était retournée, ses doigts raidis et crispés semblaient agripper le vide.

Sur la table, juste au-dessus d'elle, son assiette contenait un reste de gâteau de riz – la part qu'elle s'était servie du gâteau de la veille –, un écroulement de grains de riz au milieu de traînées brunes de caramel. Bizarrement, il y avait aussi une bouteille de vin vide (celle du dîner dont Antoine se souvint qu'ils n'en avaient pourtant bu que la moitié). À l'autre bout de la table, non verticale mais couchée, son lourd socle de marbre parcouru par d'épaisses rigoles de sang presque sec, reposait la sculpture que Lupita avait rapportée de Grèce et offerte à Hélène. Elle avait été posée là après le crime, on aurait dit avec précaution, peut-être pour éviter le bruit.

— Il faut appeler un médecin, dit Lupita.

Antoine s'approcha de sa sœur et prit son poignet :

— C'est la police qu'il faut appeler, dit-il. Elle est morte, et ça doit faire un moment.

Le capitaine Scarcelli arriva sur les lieux peu avant neuf heures. Plutôt mince et de taille moyenne, la raideur un peu militaire de son maintien, ses traits anguleux et la froideur de son expression le rendaient cependant intimidant. Deux brigadiers du commissariat d'Antibes étaient déjà là, ainsi que deux membres du Service Local de Police Technique occupés à prendre

104

des photos et à relever des empreintes sur les couverts : l'assiette, le verre – qui n'était pas où il aurait dû être, sur la table puisque la victime n'avait pas fini son repas nocturne, mais sur l'égouttoir de l'évier –, la fourchette à dessert que la victime avait dû lâcher en tombant et qu'ils avaient ramassée par terre, avant de les emballer dans des poches de plastique pour les examiner de plus près au laboratoire.

S'immobilisant sur le seuil de la cuisine, le capitaine balaya la pièce d'un œil aigu, le temps de bien enregistrer la scène, puis il revint dans l'office où Lupita et Antoine attendaient côte à côte, muets, comme hébétés. Il se présenta :

— Capitaine Léo Scarcelli, Police judiciaire. Vous êtes de la famille ?

— Je suis son frère, Antoine Ballestier. L'un de ses frères.

Le regard du capitaine s'attarda sur l'homme qu'il avait devant lui puis se posa tout aussi lentement sur sa voisine.

— Lupita Addington, je suis une amie et l'une des propriétaires de la villa.

C'était crucial ce premier contact, la première impression recueillie. Drôle de métier, tout de même. À chaque fois, on s'introduit dans un foyer, une maison dont on ignorait totalement l'existence, on se retrouve en face de personnes inconnues, et il faut dans l'instant s'imprégner de toute cette nouveauté. Tâcher de comprendre, d'abord intuitivement, ensuite rationnellement. Essayer de percer à jour ces gens qu'on a en face de soi, qui appartiennent à la famille de la victime, ou à son cercle d'amis, ou à ses relations professionnelles, les proches donc, dont les statistiques nous enseignent qu'ils ne sont pas étrangers au crime dans quatre-vingts pour cent des cas.

Le policier se retourna et s'absorba de nouveau dans l'examen de la scène de crime.

— Elle était posée où d'habitude, la sculpture ?

— Ici, répondit vivement Lupita en désignant l'extrémité d'un buffet bas. C'est un cadeau que j'avais rapporté de Grèce pour Hélène. Un fragment de statue ancienne. Authentique, précisa-t-elle.

— Et c'est dans cette pièce qu'elle l'avait installée ?

— Elle avait l'intention de l'emporter à Lyon pour décorer son cabinet, Hélène était dentiste. Mais elle l'avait laissée dans l'office jusqu'à la fin des vacances. L'été, nous y passons beaucoup de temps, c'est un peu notre salle commune. Nous prenons nos repas ici, sur la grande table, ou bien dehors, là, juste devant. Cette sculpture plaisait beaucoup à Hélène, elle aimait l'avoir sous les yeux.

Négligeant l'imposante double porte de chêne sculpté de la façade, le brigadier qui avait accueilli le capitaine l'avait fait entrer par la porte latérale. Ils avaient suivi un couloir débouchant dans le hall d'entrée – une femme se trouvait là, l'air déboussolée – puis emprunté un second couloir derrière l'escalier, lequel conduisait aux deux pièces ouvrant sur l'arrière de la maison, la cuisine par une fenêtre simple, l'office par une porte-fenêtre donnant sur une sorte de terrasse, une trentaine de mètres carrés de terrain caillouté où étaient disposées une table ronde et huit chaises en teck.

— Quel est le dernier à avoir vu la victime vivante ?

— Nous deux, répondit Antoine. On s'est dit bonne nuit tous les trois juste avant de monter se coucher.

— Non, corrigea Lupita, c'est moi qui l'ai vue la dernière. Rappelle-toi, tu es parti le premier, et je suis restée en bas de l'escalier avec Hélène, nous avons encore échangé quelques mots.

— À quel sujet ?

— Rien de spécial, je ne me souviens plus... Ah si, c'était à propos d'une petite réparation à prévoir dans la cave, les plombs de la lingerie avaient sauté.

— C'est tout ?

— Oui. Après on est montées et je suis allée directement dans ma chambre.

— Et elle dans la sienne ?

— Je suppose. La chambre d'Hélène se trouve au bout du palier. C'est la deuxième porte après la mienne.

— Vous n'aviez rien remarqué de particulier au cours de la soirée ?

— De quel genre ?

— Votre amie ne vous avait pas paru préoccupée, inquiète ?

— Pas spécialement. Elle était préoccupée par la panne de la lingerie.

— Et les jours précédents ?

— Hélène était comme d'habitude, dit Antoine.

— Elle ne vous avait parlé de rien ? insista le capitaine en s'adressant plus particulièrement à Lupita. Les femmes se confient entre elles.

— Non. Mais Hélène ne me faisait pas de confidences. C'était une personne plutôt secrète.

— Ma sœur allait très bien, assura Antoine. Elle était très contente d'être ici, avec nous, de se reposer. C'est elle-même qui me l'a dit.

Pour quelqu'un qui venait de découvrir le cadavre de sa sœur ensanglanté, il paraissait étonnamment calme et maître de lui. Mais le capitaine savait que ça ne voulait rien dire. Dans les circonstances extrêmes, les gens ne réagissent pas tous de la même manière. Peut-être qu'à ses yeux, à cet instant précis, ce ballet de policiers en tenue ou en combinaison blanche de cosmonaute, qui allaient et venaient dans la cuisine, photographiaient une chaise renversée, une fenêtre aux volets entrouverts, une flaque de sang et des

108

éclaboussures sur un mur, qui prenaient des empreintes un peu partout et entouraient d'un trait de craie un corps couché en chien de fusil sur le sol ne paraissait pas très réel. Ce jeune homme pouvait être encore dans le refus, le déni. Ce qu'il y avait de certain, c'était qu'il ne jouait pas la comédie.

— Lequel de vous deux a découvert le corps ?

— C'est Brigitte, dit Antoine, notre aide-ménagère. Elle l'a trouvé ce matin en prenant son travail…

Il fit signe au capitaine de le suivre.

Brigitte était toujours dans le hall, elle s'était laissé tomber sur une chaise et triturait son mouchoir. Scarcelli découvrit une femme encore jeune, à peu près du même âge que lui, mais qui se tenait recroquevillée comme une vieille femme, pitoyable.

Il se pencha sur elle et lui dit d'une voix compatissantc :

— Bonjour, Madame. Madame ?

— Faber, le renseigna Antoine comme elle ne réagissait pas. Brigitte Faber.

— Madame Faber. C'est donc vous qui avez découvert votre patronne, j'imagine que ça a dû vous faire un choc…

Brigitte renifla sans répondre, triturant son mouchoir de plus belle.

— Vous pouvez me raconter comment ça s'est passé ?

Elle bredouilla en se tamponnant les yeux :

— Je sais pas, moi, comment ça s'est passé. Je l'ai trouvée... comme ça... en arrivant...

— Il était quelle heure ?

— L'heure habituelle... je commence à huit heures.

— Vous ne vous êtes pas approchée, vous n'êtes pas allée voir si elle était encore vivante ? Vous n'avez rien touché ?

Brigitte secoua la tête et se remit à pleurer.

— Allons, allons, calmez-vous...

Voyant qu'il ne pourrait rien tirer d'elle dans l'état où elle était, il ajouta :

— Je vais vous demander de nous accompagner à Nice au SRPJ.

— Mais pourquoi ? s'écria Brigitte à travers ses larmes... Pourquoi on m'emmène à la Police ? J'ai rien fait, moi, j'ai rien fait !

— Personne ne vous soupçonne, madame Faber. Nous voulons simplement vous entendre comme témoin. Votre témoignage peut être très utile à l'enquête. Dans mon bureau, nous serons plus tranquilles pour parler.

S'adressant aux deux autres :

— Je vous demanderai de ne pas quitter Antibes pendant quelques jours.

— Ça ne va pas être possible, répondit Lupita. On est à la fin août, j'ai des obligations à Londres à la rentrée.

— Il va falloir remettre votre voyage.

— Ce n'est pas un voyage, c'est là que j'habite. C'est ma résidence principale.

— Dégagez-vous de vos obligations pendant quelques jours, ce ne sera pas long.

Et comme elle continuait de protester :

— Interdiction de quitter Antibes, trancha le capitaine. Et présentez-vous tous les deux à la PJ aujourd'hui à quatorze heures trente. Donnez-leur l'adresse, ordonna-t-il à l'officier qui l'accompagnait.

La prenant par le bras, il fit lever l'aide-ménagère de sa chaise et l'entraîna doucement avec lui jusqu'à sa voiture.

— Pourquoi il l'emmène ? murmura Antoine.

— Il va la cuisiner sur ta famille, pronostiqua Lupita. Et sur moi aussi, naturellement.

Philippe arriva à Antibes à trois heures du matin. Avec précaution, sans entrer dans les détails, Antoine l'avait informé de l'horrible événement au tout début de la matinée mais il avait à régler plusieurs affaires urgentes au bureau et n'avait pas pu prendre la route avant la fin de la journée. Ça faisait une semaine qu'il était rentré du Japon, son voyage avait été intéressant, des demi-vacances, moitié tourisme, moitié business, pendant lesquelles il avait rencontré des constructeurs d'automobiles et posé les jalons d'accords futurs, mais il savait qu'avec les Japonais les décisions sont longues à venir, les espérances à se concrétiser et ce n'était pas demain qu'il ajouterait la concession d'une Lexus ou d'une Acura à celle qu'il avait déjà pour BMW. Un voyage prometteur donc, mais également très fatigant.

Réveillé par le téléphone au beau milieu de la nuit, Antoine l'attendait dans le salon, vêtu du survêtement qui lui servait habituellement de robe de chambre, à côté d'un plateau portant une bouteille de vin et une pizza refroidie. La police n'avait pas posé de scellés mais on avait demandé aux habitants de réduire leurs séjours dans la cuisine au strict minimum pendant quelque temps.

— Où elle est ? demanda Philippe après une longue accolade.

— Au Laboratoire de la Police scientifique de Marseille. Ils l'ont enlevée en fin d'après-midi. Ils doivent procéder à l'autopsie.

Philippe s'écroula dans un fauteuil. Il était extrêmement pâle, épuisé par ses huit ou neuf heures de route et par les questions sans réponse qu'il avait retournées dans sa tête pendant tout le trajet. Antoine lui versa un demi-verre de vin :

112

— Tiens, bois ça, tu as dîné ?

— J'ai pas faim.

— Il vaudrait mieux que tu manges quelque chose. J'ai fait livrer des pizzas.

Il attrapa l'assiette de pizza froide :

— Je vais la réchauffer…

— Pas la peine, je pourrai rien avaler.

— Alors, va dormir, ça te fera du bien. J'ai préparé ta chambre.

Il accompagna son frère jusqu'à sa porte et le prit de nouveau avec émotion dans ses bras :

— Essaie de te reposer. On parlera demain.

Le lendemain, en descendant à l'office, Lupita trouva Antoine effondré devant un bol vide. Il avait bu son café mais n'avait pas touché à la tartine beurrée qu'il s'était préparée. Des larmes coulaient sur ses joues. En la voyant, il se mit à pleurer comme un gosse, à gros sanglots. Elle alla s'asseoir tout près de lui et l'entoura de son bras. Mon pauvre Antoine, mon petit Antoine, dit-elle en étreignant ses épaules avec force. Elle était sincèrement émue, cet Antoine-là, blessé, vulnérable, lui rappelait le garçonnet sensible qui la consolait en lui tenant la main de ses chagrins de petite fille, puis l'adolescent tendre et fougueux dont elle avait été la jeune amante presque deux étés.

Philippe entra dans la pièce, le teint grisâtre, l'air abattu. Il n'avait dormi que deux heures malgré sa fatigue. Découvrant son frère en pleurs, il marmonna un bonjour inaudible et alla s'attabler un peu plus loin en traînant les pieds, abasourdi par le malheur qui leur tombait dessus.

— Bonjour Philippe, dit Lupita, vous voulez un café ? Ne bougez pas, je vais vous préparer quelque chose.

Cinq minutes plus tard, elle ressortit de la cuisine avec un plateau et le posa devant lui. Attentionnée autant qu'elle l'était avec son jeune frère, elle l'encouragea d'une voix douce :

— Il faut manger, vous devez rassembler vos forces.

— Mais qu'est-ce qui s'est passé, souffla-t-il, qu'est-ce qui a bien pu se passer ?

— Un rôdeur, probablement. La porte de l'office était toujours ouverte, même la nuit elle n'était pas verrouillée. Je lui avais dit, pourtant, je l'avais bien dit à Hélène que ce n'était pas prudent.

Antoine s'était un peu calmé.

— On ne la fermait jamais à clé, cette porte, dit-il. Même du temps de mémé, elle restait ouverte et il n'est jamais rien arrivé.

Il ajouta sombrement :

— C'est ma faute… Tout ça, c'est à cause de mon vernissage.

— Quel vernissage ?

— Pendant que t'étais au Japon, on a organisé une exposition dans le parc. Et après on a prolongé l'expo pendant trois jours. N'importe qui pouvait entrer, c'était porte ouverte. On avait même mis un panneau dehors. Au début, Hélène n'était pas d'accord mais j'ai insisté et on l'a fait quand même. Trois jours pendant lesquels les gens entraient dans la propriété comme dans un moulin…

— Il a eu lieu quand, ce vernissage ?

— Il y a une dizaine de jours.

— C'était le 18, indiqua Lupita. Juste après le 15 août. Et l'expo est restée ouverte au public jusqu'au 21.

— On est le 29, ça fait tout juste une semaine, calcula Philippe.

— Hélène a été attaquée dans la nuit de dimanche à lundi, le 27, précisa son frère.

— Pendant le vernissage, des invités sont entrés dans la maison ?

— Probable. Et après on a fait une grande fête. Elle se tenait dans le parc mais des gens ont bien dû pénétrer à l'intérieur. Pour aller aux toilettes ou par curiosité.

— Elle a duré jusqu'à quelle heure, cette fête ?

— Le DJ a remballé son matériel à deux heures, mais mes copains se sont encore incrustés un bon moment. J'ai eu du mal à les mettre dehors. Tu ne vas pas soupçonner mes amis, quand même ?

— Non. Mais les invités vous ne les connaissiez pas tous. N'importe qui aurait pu en profiter pour explorer la maison, faire un petit tour à l'étage. C'est très fréquent dans les fêtes ce genre d'indiscrétion. Quand on les surprend, ils prétendent qu'ils cherchaient les toilettes et qu'ils se sont perdus.

— Ça pourrait aussi bien être un visiteur de l'expo publique, fit remarquer Lupita.

— Non, dit Antoine, pas les visiteurs de la journée. J'avais une copine, Corinne, qui les accueillait et qui veillait au grain de peur qu'ils embarquent une de mes toiles. Elles étaient disséminées dans le parc, accrochées aux troncs d'arbre. Et moi pendant ces trois jours j'ai pas quitté la maison, j'allais pas laisser Corinne toute seule. La plupart du temps, j'étais en bas, dans le salon ou sur la terrasse. Si quelqu'un était entré pour repérer les lieux, je l'aurais vu. On n'a rien vendu mais il a fallu que je parle avec des visiteurs. Le bla-bla habituel, des conneries.

— Ou c'est peut-être un vagabond, quelqu'un qui se serait introduit dans le parc. Il aura vu la lumière allumée et Hélène toute seule dans la cuisine…

— Et vous n'auriez rien entendu ?

— On dormait au premier étage, Philippe, comment voulez-vous qu'on entende.

— Les policiers ne nous ont pas crus, dit Antoine.

— Vous avez été interrogés par la police ?

— Hier après-midi. On a été convoqués à la PJ, à Nice. Ils nous ont interrogés dans des bureaux séparés. Mais qu'est-ce que tu voulais qu'on leur dise ? Hélène a pas été tuée par balle, il n'y a pas eu de coup de feu, évidemment qu'on n'a rien entendu.

— Elle a été tuée comment exactement ?

Ils se turent, hésitant à le blesser davantage en évoquant la mort violente de sa sœur.

— … Avec la sculpture, se décida Antoine.

— Quelle sculpture ?

— Le fragment de statue que Lupita avait rapporté de Grèce pour Hélène.

— Elle est où, cette sculpture ?

— Au laboratoire de la police. Ils l'ont emportée pour l'examiner, essayer de trouver un ADN, des traces de l'assassin…

— C'est horrible, gémit Lupita.

— Hélène a été assommée par-derrière pendant qu'elle était à table. Elle a pas dû entendre le type ou elle l'a entendu trop tard. C'est ce que les policiers ont dit.

Philippe exhala un soupir de découragement.

— Je comprends rien à ce que vous me racontez… Qu'est-ce que ma sœur foutait dans la cuisine à trois heures du matin ?

— Elle avait des insomnies, expliqua Lupita. Ça lui arrivait de descendre au milieu de la nuit pour manger quelque chose.

— Et la Twingo qu'est devant la remise, elle est à qui ?

— C'est la voiture de la femme de ménage.

— Où elle est ? J'ai pas vu de femme de ménage.

— Le capitaine l'a emmenée avec lui hier matin. C'est elle qui a trouvé Hélène, vous comprenez. Il voulait sûrement l'interroger en premier. Ils ont dû la raccompagner chez elle ensuite. La pauvre Brigitte était bouleversée.

Elle se leva pour débarrasser mais ne revint pas s'asseoir.

— Je remonte, dit-elle, je vais faire ma toilette.

— Qu'est-ce qu'elle fout là ? dit Philippe quand Lupita eut quitté la pièce. Ce n'est pas son mois, c'était pas en juillet, son mois ?

— Je sais pas trop. Je crois qu'il y a eu un problème de travaux dans son appart. Les ouvriers avaient pris du retard, ils étaient toujours là à faire du raffut quand Hélène est arrivée début août. Alors Lupita, en revenant de sa croisière, elle est passée par la villa, pour arranger ça, arrêter le chantier.

— Et pourquoi elle est encore là ?

— Mais j'en sais rien, moi ! Comment veux-tu que je le sache ? Elle est là, c'est tout.

118

— Mais elle a dormi où puisque son appartement était en travaux ?

— Dans ta chambre.

— Dans ma chambre ? répéta Philippe de plus en plus étonné.

— C'est Hélène qui lui a proposé. Elles avaient l'air de bien s'entendre.

— Et pourquoi elle lui a pas proposé son ancienne chambre puisqu'elle s'est installée dans celle de maman ?

— Je ne sais pas. Peut-être qu'elle était pas prête. Ou peut-être qu'elle craignait que Lupita fouille dans ses affaires.

— Mais alors où est-ce qu'elle a dormi cette nuit ?

— Dans la chambre d'Hélène, je pense.

— Son ancienne chambre ?

— Non, dans celle de maman.

Philippe se leva brusquement, totalement effaré.

— Mais qu'est-ce qui se passe, ici, gronda-t-il, qu'est-ce qui se passe dans cette maison ? C'est moi qui deviens fou ou quoi ?

À deux heures – rattrapant le sommeil en retard, ils somnolaient tous les trois à l'ombre à l'arrière de la maison –, des pas se firent entendre sur le gravier. « Qu'est-ce qu'il nous veut encore, celui-là ! », soupira

Lupita en voyant paraître le capitaine flanqué de son équipier.

Après un hochement de tête en guise de bonjour, les yeux du policier s'arrêtèrent sur le nouveau venu.

— Mon frère Philippe, l'informa Antoine. Mon frère aîné.

— Capitaine Scarcelli et voici le lieutenant Moreau, indiqua brièvement le policier.

— Comment vous êtes entrés ? demanda Lupita.

— Le portail était ouvert.

— Je suis sorti ce matin, dit Antoine, je suis allé marcher sur la plage. J'ai dû oublier de fermer en revenant.

— Tout est toujours ouvert dans cette baraque, grogna Philippe.

— Nous avons besoin de faire quelques vérifications, annonça le capitaine. Quelqu'un peut nous accompagner à l'intérieur ?

Il voulait voir les chambres où les habitants de la maison dormaient la nuit du crime. Antoine le conduisit au premier étage, tandis que son adjoint filait dans la cuisine.

Le capitaine ouvrit d'abord la porte de la chambre de Philippe, celle qu'occupait Lupita pendant cette nuit terrible, et alla directement s'asseoir sur le lit. Antoine avait compris : le lieutenant allait faire du tintamarre dans la cuisine, cris, chocs de vaisselle, renversement de chaise… Il referma la porte que le capitaine avait sciemment laissée ouverte. « La nuit les portes des chambres sont fermées, dit-il, on dort pas la porte ouverte. »

Ils attendirent un moment : aucun bruit ne leur parvenait. Antoine conduisit ensuite le capitaine dans sa propre chambre et les policiers recommencèrent leur manège, sans plus de succès.

— Qu'est-ce que je vous avais dit ? fit-il.

— Montrez-moi la chambre de la victime.

Ils retraversèrent le palier, leurs pas étouffés par l'épais tapis du couloir, jusqu'à la belle pièce d'angle qui avait été la chambre de la grand-mère, puis des parents, et qui était tout naturellement échue à Hélène après la mort de sa mère.

— Le lit est fait ? s'étonna le capitaine.

Madame Addington a dormi ici cette nuit.

— Elle est copropriétaire, m'avez-vous dit ? Elle n'a pas une chambre à elle ?

— Elle a tout le dernier étage. Mais ils sont en train d'effectuer des travaux là-haut, ce n'est pas habitable.

Le capitaine réfléchit un instant.

— Elle a dû changer les draps, où se trouve le lave-linge ?

— En bas, dans la lingerie.

Antoine précéda le policier jusqu'à une sorte de cave carrelée, en demi-sous-sol. Il y avait deux lave-linge

121

côte à côte. Scarcelli les ouvrit successivement et passa sa main dans le tambour puis il tira les tiroirs à lessive. Son idée était que, si des draps avaient été lavés depuis l'assassinat, il aurait été facile de leur ajouter un vêtement taché de sang ou porteur de gouttelettes projetées au cours du crime, par exemple un pyjama ou une chemise de nuit. Le lavage des draps aurait fourni une parfaite explication pour faire tourner une machine et faire disparaître en même temps des traces compromettantes. Mais les tambours semblaient secs. Le panier à linge était plein, des draps en tapon surmontaient la pile, probablement ceux qui avaient été changés. À première vue, aucun des deux appareils n'avait été utilisé très récemment.

— Est-ce que vous avez constaté un vol ? demanda le capitaine pendant qu'ils revenaient dans le salon.

— Non. Enfin, on n'a pas cherché, on n'y a pas pensé. Mais on a remarqué qu'un tableau avait été décroché et puis abandonné, comme si le voleur avait changé d'avis, peut-être parce qu'il l'aurait trouvé trop lourd.

— Ou difficile à vendre. Trop compromettant.

— Il est là-bas sur la commode, il était accroché juste au-dessus, on l'a laissé comme il était, personne n'y a touché.

Le capitaine s'approcha du tableau et l'examina de près :

122

— C'est quoi comme peinture ?

— Un Théodore Rousseau, l'École de Barbizon.

— Il a de la valeur ?

— J'en sais rien. Il appartenait à mes parents, je l'ai toujours vu dans notre appartement à Paris. Je ne sais pas ce qu'il peut valoir aujourd'hui. Mais oui, il doit avoir une certaine valeur.

— Alors d'après vous rien n'a disparu ? De l'argent, des bijoux ?

— On n'a pas regardé, je vous dis.

— Qu'est-ce qu'elle possédait comme bijoux, votre sœur ?

— Hélène ? Je sais pas trop, sûrement pas grand-chose, elle ne s'intéressait pas tellement à ce genre de trucs.

— Elle devait tout de même en porter de temps en temps.

— Je faisais pas attention.

— Faites un effort.

— Ma sœur aimait bien les montres. Elle en avait deux, une Rolex et une Jeager-Lecoultre.

— En or ?

— Évidemment, mais sans diamants, elle n'aimait pas le clinquant. Elle possédait aussi une chaîne en or blanc à maillons « forçat », je m'en souviens parce que j'avais trouvé le nom rigolo pour un bijou. Et maintenant que j'y pense, elle portait parfois des boucles d'oreilles en saphir, très jolies, qui avaient appartenu à notre mère, et je crois même à notre grand-mère. Elle les mettait pour sortir.

— Rien d'autre ?

— Je ne vois pas. Je ne sais pas ce qu'elle avait chez elle, à Lyon, mais ce qu'elle portait ici, c'est ce que je vous ai dit.

— Eh bien, dit le capitaine, il ne nous reste plus qu'à remonter dans sa chambre pour voir si toutes ces belles choses sont en place.

Le lieutenant Moreau les rejoignit dans la pièce élégante et spacieuse que s'étaient réservée les maîtresses de maison successives de la villa, avec ses deux grandes fenêtres percées dans les murs d'angle donnant, non sur la mer, mais sur les grands arbres du parc, et ses beaux meubles, de styles différents, mais dont certains, très raffinés, étaient vraisemblablement d'époque. « Alors, dit le capitaine, est-ce que vous savez où votre sœur rangeait ses bijoux ? »

— Aucune idée.

— Vous pourriez commencer par regarder dans la coiffeuse, suggéra Moreau.

Antoine se dirigea vers le meuble en question, une massive coiffeuse d'époque Art déco en acajou verni. Elle était équipée d'un miroir semi-circulaire encastré dans un lourd plateau, lequel surmontait, à droite, trois

124

hauts tiroirs, à gauche, un petit placard. Il n'eut pas à chercher longtemps : le premier tiroir, à compartiments, contenait des objets de maquillage et des flacons de parfum, mais le second, divisé lui aussi en compartiments, avait été complètement vidé. Dans le troisième tiroir, celui du bas, il n'y avait que des accessoires de coiffage.

Il ouvrit ensuite le placard à gauche et en sortit un grand coffret de cuir noir dans lequel il reconnut un coffret à bijoux qui avait appartenu à sa mère. Sa petite clé ouvragée était sur la serrure. Il l'actionna, souleva le couvercle et fit glisser délicatement les tiroirs l'un après l'autre.

— Il a tout pris, dit-il en présentant le coffret vide aux policiers. Je suppose que c'est là que ma sœur conservait les bijoux de notre mère et de notre grand-mère.

— Une belle razzia, commenta le capitaine. Et il y avait de l'argent ?

— Je ne crois pas. Ma sœur ne devait pas garder beaucoup d'argent chez elle. Elle avait ses cartes de crédit.

Un sac à main était posé sur un guéridon, un beau sac de cuir un peu défraîchi, du modèle de ceux qu'on voyait dans les magazines sous la marque Hermès, le genre d'objet que les femmes se transmettent de mère en fille.

— Ouvrez-le.

Antoine obéit et en sortit un portefeuille du même cuir. Plusieurs cartes de crédit étaient alignées dans les pochettes, cartes bancaires ou cartes de grands magasins. Le voleur n'y avait pas touché. Cependant, comme on pouvait s'y attendre, il n'y avait plus rien dans le compartiment à billets.

— Allez voir dans le secrétaire, ordonna le capitaine.

Le secrétaire, un beau meuble d'époque Louis-Philippe en ronce de noyer, n'était pas fermé à clé. Antoine n'eut qu'à abaisser la tablette, à tirer les gracieux petits tiroirs marquetés. Mais il n'y trouva que des lettres ouvertes remises dans leur enveloppe ou de petits objets de papeterie. Dans les casiers du bas, des dossiers, probablement des papiers de famille, s'empilaient sur les étagères.

— La penderie…

Elle occupait tout un mur, au fond de la chambre. Antoine fit glisser l'une des portes d'un geste énergique mais demeura perplexe devant la profusion de choses qui s'y trouvaient entassées : vêtements, boîtes à chapeau, boîtes à chaussures, oreillers, traversins, lourdes piles de draps et de nappes… : là encore, on devinait les possessions accumulées par deux ou trois générations de femmes.

Antoine laissa retomber ses bras en signe d'impuissance.

126

— Je ne sais pas, moi, ce que ma sœur rangeait là-dedans. Je serais bien incapable de vous dire s'il manque quelque chose.

— Mais vous êtes certain que ses bijoux ont disparu ?

— Ça, il n'y a pas de doute, sa coiffeuse a été pillée. Ce qui est bizarre, c'est que le voleur ait tout laissé en ordre. D'habitude, ils ont hâte de partir, ils ne prennent pas le temps de refermer les armoires, les tiroirs…

— Pas forcément, il y a des cambrioleurs soigneux, méticuleux même. La maisonnée endormie, il a très bien pu refermer la porte de la chambre à clé et procéder sans s'inquiéter à ses recherches. En principe, au milieu de la nuit, il n'avait pas de raison de se presser, il avait plusieurs heures devant lui.

Mais en même temps qu'il prononçait ces paroles, le capitaine se disait que quelque chose ne collait pas : un criminel brutal, qui venait d'assassiner une femme occupée à se restaurer paisiblement dans sa cuisine au moyen d'une sculpture en marbre trouvée sur place, un assassin d'occasion donc, et un cambrioleur méthodique et maître de lui qui se donnait la peine de refermer les tiroirs et les placards, ça n'allait pas bien ensemble.

— Personne n'entre ici jusqu'à demain soir, dit-il en quittant la pièce. Une équipe technique va venir examiner les lieux. En particulier le contenu du secrétaire, les papiers, le courrier... Votre sœur avait peut-être reçu des menaces, est-ce qu'on sait.

— Elle nous l'aurait dit.

— Rien de moins sûr. Elle ne vous tenait pas forcément au courant de toutes ses affaires.

— Joli parc, apprécia le lieutenant Moreau pendant qu'Antoine les raccompagnait à la grille. Il fait quelle superficie ?

— Un peu plus de 9000 m2.

— De quoi susciter l'appétit des promoteurs, fit remarquer le capitaine.

— Qu'est-ce qui vous fait dire ça ?

— On construit beaucoup sur la Côte d'Azur. L'immobilier est un secteur très dynamique...

— La propriété n'est pas à vendre, le coupa Antoine.

Parvenus au bout de l'allée, les deux policiers s'arrêtèrent.

— Tout le monde reste à la disposition de la police, dit le lieutenant.

— Mon frère aussi ?

— Oui, confirma le capitaine, il sait peut-être des choses que vous ignorez sur votre sœur. Nous allons devoir vous interroger tous les trois, un interrogatoire approfondi. Par conséquent, interdiction de quitter Antibes. L'enquête ne fait que commencer.

— OK, dit Antoine, on ne bouge pas.

Pour une fois, il referma soigneusement le portail et partit retrouver les autres.

— Qu'est-ce qu'ils voulaient ? demanda Lupita.

— Vérifier qu'on n'entendait rien depuis les chambres. Le lieutenant est allé faire du boucan dans la cuisine.

— Et vous n'avez rien entendu ?

— Non, bien sûr. Après on est allés voir dans la chambre d'Hélène. Tous ses bijoux ont disparu, les siens et ceux de maman et de mémé qu'elle gardait dans un coffret. Le voleur a tout emporté.

— Ils étaient assurés ? s'informa Philippe.

— Ça, j'en sais rien, pour les assurances on verra plus tard. Mais les services techniques de la police vont revenir demain passer la chambre au peigne fin, faire des relevés, examiner la paperasse du secrétaire, chercher des indices, quoi. Et ils vont sûrement aller fouiner aussi dans les autres pièces. D'ici là, on ne doit toucher à rien. Interdiction de mettre les pieds dans la chambre d'Hélène au moins jusqu'à demain soir. Et puis aucun de nous trois ne peut quitter Antibes, le capitaine veut nous avoir sous la main pendant son enquête.

— Pourquoi moi ? J'étais même pas là.

— Il pense que tu sais peut-être des choses sur Hélène, sur sa vie privée.

— Je ne sais rien du tout. En tout cas pas depuis son divorce. Elle à Lyon et moi à Paris, on ne se voyait plus beaucoup, on n'avait pas tellement l'occasion de se parler.

Désignant Lupita du menton, il observa d'un ton rogue :

— Et elle alors, où elle va dormir ?

— Ne vous en faites pas pour moi, je vais m'installer à l'hôtel. J'en trouverai bien un de correct en ville.

— Mais non, voyons, protesta Antoine, on ne va pas te laisser te morfondre toute seule à l'hôtel en attendant que les flics veuillent bien t'appeler... Tu es ici chez toi.

— Le « Royal Antibes » est très bien et pas trop loin, suggéra Philippe comme si son frère n'avait rien dit.

— Pas question. Pour cette nuit, Lupita prendra l'ancienne chambre d'Hélène, et ensuite on avisera. Ça te va, Lupita ?

— Faudrait vous mettre d'accord, répondit Lupita avec aigreur.

— Après tout, je m'en fous, faites comme vous voulez, dit Philippe.

Ils restèrent un moment prostrés, avachis sur leur chaise. Même à l'ombre, à l'arrière de la maison, la chaleur était accablante.

Puis Lupita bondit sur ses pieds :

— Je vais préparer de la citronnade.

Le lendemain, mercredi, la femme de ménage refit surface. Rien d'anormal, c'était son jour, elle travaillait à la villa le lundi, le mercredi et le vendredi. Sauf qu'au lieu d'arriver à huit heures, son heure habituelle, elle se pointa au milieu de la matinée.

— Bonjour Brigitte, dit Lupita.

Et elle se dirigea vers l'office, pensant que son aide-ménagère la suivait. Mais ce ne fut pas le cas.

— Je suis venue chercher ma voiture, annonça Brigitte sans bouger de l'entrée.

D'une voix aiguë, comme s'il lui fallait se forcer pour parler, elle ajouta :

— Et aussi vous donner ma démission. Je peux plus travailler ici.

— Et pourquoi donc ? la pria calmement Lupita en revenant sur ses pas.

— Je pourrais plus entrer dans la cuisine… Repenser à madame Hélène comme elle était, la pauvre, comme je l'ai trouvée… Avec tout le sang partout… Non, c'est trop dur, je pourrais pas.

— Mais madame Hélène n'est plus là. On a lavé par terre, c'est tout propre. Tout a été remis en ordre.

— Quand même.

Comme pour renforcer sa résolution, elle avait sorti ses clés de voiture de son sac et les serrait nerveusement dans son poing.

— Allons, dit Lupita en prenant son bras, venez vous asseoir un instant, nous allons discuter de tout ça. Pour nous aussi, ça a été un coup terrible, vous savez. Surtout pour ses frères. Ils adoraient leur sœur, elle était comme une seconde mère pour eux.

Brigitte se laissa conduire au salon avec un air dolent et consentit à s'asseoir à l'extrême bord d'un fauteuil. Prévoyant que les femmes de ménage ne se bousculeraient pas pour venir travailler dans la maison du crime et qu'il faudrait du temps pour la remplacer, Lupita, d'une voix douce et persuasive, entreprit de la faire changer d'avis. « Ah, je vous comprends, ma petite Brigitte, je comprends bien que ça vous ait fait un choc. Mais nous avons été durement touchés, nous aussi. Allez, je sais que vous êtes une femme de cœur, vous n'allez pas nous laisser tomber maintenant, au moment où nous avons le plus besoin d'aide, où nous avons le plus besoin de vous... »

Et comme l'autre semblait sourde à ses arguments :

— Une seconde, je vais nous préparer un café. Ça vous dit, un petit café ?

Sans attendre la réponse, elle alla dans la cuisine et plaça deux tasses sur la machine. Puis, pendant que le café coulait, elle sortit une enveloppe d'un tiroir et en retira trois billets de cent.

— Ça va nous faire du bien, dit-elle en revenant dans le salon avec un plateau. Rien de tel qu'un bon café pour éclaircir les idées. Et puis tenez, c'est pour vous, dit-elle en lui tendant les billets pliés. Une petite compensation.

— Oh, Madame, protesta mollement Brigitte, je peux pas accepter...

Lupita coupa court en enfonçant d'autorité les trois billets dans sa poche.

— Ne soyez pas timide, vous les méritez bien. Après toutes ces épreuves... la découverte de votre patronne... l'interrogatoire de la police...

— Ah ça, réagit Brigitte, soudain revigorée, c'était la cerise sur le gâteau ! Vous avez vu comment ils ont fait ? Ils m'ont emmenée presque de force, ils m'ont même pas laissé le temps de respirer.

— Ça ne s'est pas trop mal passé là-bas ? Ce n'était pas trop pénible ?

— Ah là là, j'aurais jamais cru... me retrouver à la police comme si j'avais fait quelque chose, comme si on me soupçonnait... J'y avais jamais été, moi, à la police.

— Ils ne vous ont pas trop ennuyée avec leurs questions ?

— Ah, Madame, ça n'en finissait plus, ça s'embrouillait dans ma tête. Je comprenais même pas ce qu'ils me demandaient.

En réalité, elle avait eu vite fait de recouvrer ses esprits. Les policiers s'étaient montrés délicats, ils lui avaient offert un café dans un gobelet en carton et un petit-beurre sous cellophane et ils l'avaient laissée tranquille le temps qu'elle se remette. Après ils l'avaient fait entrer dans un bureau et ils avaient commencé à poser leurs questions. Et elle ne s'était pas fait prier pour leur dire ce qu'elle savait. Qu'elle travaillait à la villa depuis le printemps dernier, qu'elle avait été engagée après la mort de la mère parce que l'ancienne gouvernante avait trouvé un autre emploi. Que c'était une résidence secondaire, les propriétaires actuels n'y venaient qu'en vacances et que donc elle ne travaillait pas chez eux toute l'année, seulement quand ils étaient présents. Une veuve, une divorcée et un célibataire, deux en comptant le frère aîné, ça faisait quand même une drôle de maisonnée. Ils avaient l'air de s'entendre à peu près mais elle avait bien remarqué que ses patronnes, la dentiste et la veuve, même si elles se faisaient bonne figure, elles avaient du mal à se supporter. Quand l'une avait le dos tourné, l'autre faisait des remarques. Une fois, elle avait entendu madame Hélène, la victime, marmonner qu'elle en avait assez d'avoir madame Lupita (elle avait dit *texto* : cette emmerdeuse) dans les jambes. Madame Lupita, la veuve, qui avait l'air riche comme Crésus, sortait beaucoup, elle faisait la fête et elle devait rentrer à des heures pas possibles parce que des fois elle dormait jusqu'à midi. Les policiers l'avaient aussi questionnée

134

sur le frère cadet. Elle avait dit que monsieur Antoine était artiste-peintre, qu'il avait exposé sa peinture à la villa et que ça avait fait du bazar. Qu'il était plutôt du genre tête en l'air. Après, les policiers lui avaient demandé comment elle avait découvert le crime ce matin-là et il avait fallu qu'elle leur répète la même chose trois ou quatre fois. À la fin, elle s'était souvenue d'un détail qui avait eu l'air de les intéresser. C'était quelque chose qui lui avait paru bizarre sur la table, comme un truc qui n'était pas à sa place. Sur le moment, elle avait pas capté ce que c'était, elle avait juste eu l'impression que quelque chose clochait, et puis là, tout d'un coup, à force de répéter son histoire aux flics, ça lui était revenu : sur la table, il y avait bien l'assiette avec le reste de gâteau de riz et une bouteille de vin vide, mais pas de verre. Alors ça n'avait pas de sens, la bouteille de vin vide et pas de verre, parce que madame Hélène n'était pas du genre à boire à la bouteille… Les policiers avaient eu l'air satisfaits et ils l'avaient raccompagnée chez elle parce qu'elle avait laissé sa voiture à la villa. Ils lui avaient dit de pas quitter Antibes, qu'ils auraient peut-être encore besoin d'elle comme témoin. Elle leur avait répondu : « Où voulez-vous que j'aille ? ».

Mais pourquoi elle irait répéter sa conversation avec la police à sa patronne, qui la prenait pour une imbécile et essayait de lui tirer les vers du nez ? Une bonne femme qu'elle connaissait à peine, qui avait bien quinze ans de moins qu'elle et qui lui parlait sur un ton protecteur comme à une petite fille ou à une demeurée ?

— Je leur ai dit que je travaillais pas à la villa depuis longtemps et que je me mêle pas des affaires de mes patrons.

— Vous avez bien fait, ma petite Brigitte.

Depuis trente ans qu'il exerçait son métier d'enquêteur, le capitaine Scarcelli avait eu affaire à des gens de tout acabit et de tous les milieux, riches ou misérables, analphabètes ou diplômés jusqu'aux dents, simplets ou retors, mais il n'avait encore jamais interrogé une personne aussi singulière que la jeune femme qu'il avait devant lui. Il avait pris ses renseignements au Royaume-Uni, et Scotland Yard, par la voix du *chief inspector* Elton Smith (avec lequel, par-delà les frontières, il avait l'habitude de coopérer ce qui leur faisait gagner à l'un ou à l'autre un temps précieux) avait confirmé ce qu'elle lui avait dit au cours de sa première convocation, le jour de la découverte du corps : elle était bien la veuve d'un aristocrate anglais richissime, David Addington, de vingt-cinq ans plus âgé qu'elle, qui était mort en octobre de l'année dernière d'une chute accidentelle sur la côte amalfitaine. Voilà donc une jeune Antiboise aux

136

origines plus que modestes qui était parvenue au sommet de l'échelle sociale dans l'un des pays et l'une des capitales les plus exclusifs de la terre. Grâce à sa beauté, sans doute (elle présentait une certaine ressemblance avec une actrice espagnole dont il avait oublié le nom), mais probablement plus encore grâce à sa personnalité. Le comportement de Lupita Addington, sa façon de se tenir et de s'exprimer, et même quelques traits physiques (un front têtu, des bras secs et musclés, un joli nez pointu et fureteur, une denture impeccable aux canines un peu longues) laissaient deviner un fort caractère. Maligne, sûrement. Pour cette seconde entrevue, loin de tenter d'impressionner son interlocuteur en faisant étalage de sa richesse, elle s'était présentée à la PJ vêtue sans ostentation d'une saharienne à manches courtes de toile beige, bien coupée mais simple, et elle ne portait pas de bijoux, à part une montre et une bague en or. Au total, estimait le capitaine, une personnalité très affirmée. Pas sympathique mais intéressante.

— Vous êtes veuve, m'avez-vous dit. Je suppose que votre mari vous avait mise à l'abri ?

— On peut dire ça. J'ai hérité de notre appartement de Kensington avec tout son contenu, meubles et objets d'art, et d'un capital en actions et en espèces.

— Un capital important ?

— Plusieurs millions de livres. Je ne connais pas le chiffre exact, ça change tout le temps. C'est un cabinet de Londres qui gère ma fortune.

— Vous avez été mariée combien de temps ?

— Un peu plus de six ans.

— Vous n'avez pas eu d'enfant ?

— Je n'étais pas pressée, j'étais encore jeune. Et puis David n'y tenait pas. Il en avait déjà deux de son premier mariage, un autre enfant aurait pu créer des difficultés. Dans le futur, je veux dire.

— Et maintenant que vous voilà seule vous avez l'intention de revenir vous installer en France ?

— Pas du tout. Ma vie est à Londres, à présent.

— Vous avez pourtant acheté une partie de la villa Ballestier ?

— C'était surtout pour rendre service à Antoine, le frère cadet d'Hélène. C'est un ami d'enfance. Et puis, c'est vrai, cette maison signifie quelque chose pour moi. Petite fille, j'y allais souvent parce que ma mère travaillait dans la villa voisine. Comme je vous l'ai dit l'autre jour, elle était cuisinière.

— Ce qui m'étonne, voyez-vous, c'est que les Ballestier aient vendu une partie de leur maison. Ils avaient des ennuis d'argent ?

— Pas vraiment. Ils venaient d'hériter de leur mère, la villa leur appartenait donc à tous les trois en indivision. Les aînés seraient bien restés comme ils

138

étaient sans rien changer, la villa, c'était leur maison de famille, mais Antoine voulait vendre. C'est Antoine qui avait besoin d'argent.

— Ah, l'indivision, soupira le capitaine (déformation professionnelle, il entrevoyait les conflits, les situations bloquées, les haines recuites, les crimes familiaux…). Donc, reprit-il, vous, madame Addington, vous êtes arrivée comme une bonne fée pour arranger les choses. Votre ami vous avait contactée ?

— Non, nous nous sommes rencontrés par hasard à Antibes, un après-midi où je faisais des courses dans le centre-ville.

— C'était quand ?

— Au mois de mai, je crois, ou début juin… Non, plutôt fin mai. Antoine m'a appris qu'il avait perdu sa mère trois mois plus tôt. Il m'a laissé entendre qu'il était dans l'embarras financièrement et qu'il aurait bien voulu vendre sa part d'héritage. Et moi, justement, j'étais descendue sur la Côte pour chercher un pied-à-terre…

— Ça tombait bien.

— Le hasard, Capitaine. Ce n'est pas vraiment nous qui dirigeons nos vies.

— Cette vente, qui s'en est occupé ? Vous pouvez me donner le nom de votre notaire ?

— C'est maître Boisard, un notaire important d'Antibes. Vous devez le connaître au moins de nom.

Le capitaine se tourna vers le policier qui tapait la déposition :

— Vous notez : maître Boisard. Et trouvez-moi son adresse et son téléphone.

Puis revenant à son témoin :

— Donc, en tant que copropriétaire, vous partagiez la villa avec la fratrie.

— Naturellement. On s'était réparti les périodes – c'était surtout une maison de vacances – et les parties de la maison : moi, je disposais du dernier étage. Mais comme je fais faire des travaux là-haut je dormais dans une chambre du premier en attendant.

— Quelle chambre ?

— Celle du frère aîné, Philippe. Il était absent, on ne l'a pas vu de l'été. Ça fait seulement quatre jours qu'il est là, il est arrivé lundi, le jour où Hélène a été assassinée. Enfin, dans la nuit du lundi au mardi. Antoine l'avait appelé aussitôt, bien sûr.

— Mais vous, vous étiez présente, au mois d'août ?

— Oui, en principe je n'aurais pas dû me trouver là parce que la période qui m'est impartie en été, c'est le mois de juillet. Mais en juillet, j'avais été invitée à faire une croisière en Grèce sur le yacht d'un ami, et comme ça ne pouvait déranger personne j'en avais profité pour commencer les travaux à mon étage. Seulement il y a

140

eu un petit problème quand Hélène est arrivée pour prendre ses vacances début août. Alors, en revenant de Grèce, au lieu de rentrer directement à Londres, je suis repassée par Antibes pour arranger ça.

— C'était quoi, le problème ?

— Oh, rien d'important, un petit retard sur le chantier. Les ouvriers étaient encore là à l'arrivée d'Hélène. Le premier jour de ses vacances, elle a été réveillée par le vacarme juste au-dessus de sa tête. Elle s'est plainte auprès de l'entreprise et l'architecte m'a téléphoné.

— L'architecte ?

— L'architecte d'intérieur, Bruno de Gueydan, celui qui avait fait les plans de mon appartement et qui supervisait les travaux. L'entreprise avait besoin de mon ordre pour les arrêter.

— Vous ne pouviez pas donner l'ordre par email ou par courrier ?

— Ça n'aurait pas été très poli. Je voulais m'excuser auprès d'Hélène.

— Et c'est pour vous faire pardonner que vous lui avez offert la sculpture ? L'arme du crime ? La sculpture qui a servi à la tuer ?

Pour la première fois, Lupita parut se troubler. Elle cilla, s'agita sur sa chaise et joignit ses mains dans un geste un peu théâtral de contrition.

— C'est épouvantable, je ne cesse pas d'y penser, Capitaine. Je me sens responsable.

— Responsable ? Comment ça ?

— Eh bien, la sculpture... de lui avoir rapporté la sculpture qui a servi à... Je me dis que peut-être, si elle n'avait pas été là cette sculpture, à portée de main de l'assassin, les choses auraient pu se passer autrement.

— Mais c'est ainsi qu'elles se sont passées. Donc, une fois les travaux arrêtés, la question réglée, vous n'êtes pas repartie et vous êtes restée tout le mois d'août à la villa auprès d'Hélène Ballestier.

— Et avec Antoine qui nous a rejointes quelques jours plus tard.

— Au lieu de rentrer chez vous comme prévu ?

— Oui, je ne sais pas pourquoi. Ça s'est fait comme ça. C'était le mois d'août, il n'y a jamais rien d'intéressant à faire en ville au mois d'août. Je suis restée, voilà. Ça n'avait l'air de gêner personne. Avec Hélène, on se tenait compagnie.

— Vous vous entendiez bien toutes les deux ?

— Assez bien. On se connaissait depuis longtemps. Nous n'étions pas amies quand j'étais ado à cause de la différence d'âge, mais quand même, nous n'étions pas des étrangères l'une pour l'autre. Hélène m'avait connue toute petite, et plus tard, quand je suis devenue la copine d'Antoine, on se croisait souvent à la villa.

— Vous êtes en train de me dire que vous avez été la maîtresse de son frère cadet ?

— Oh, « maîtresse », c'est un bien grand mot pour une amourette de gamins. On avait dix-sept ans, rendez-vous compte.

— Pendant tout ce temps, que vous avez passé avec elle, vous avez dû parler, discuter… Les femmes se confient quand elles sont ensemble. Qu'est-ce que vous pouvez me dire à son sujet ?

— Pas grand-chose. Hélène n'était pas expansive. Tout ce que je sais, c'est qu'elle était dentiste et qu'elle vivait à Lyon. Elle avait été mariée mais son mariage avait capoté parce qu'elle ne pouvait pas avoir d'enfant. Et encore ça, c'est Antoine qui me l'a raconté. Hélène ne parlait jamais d'elle-même. Ce que je peux vous dire, c'est qu'il m'a semblé qu'elle n'avait pas d'homme dans sa vie. Elle ne recevait pas de coups de téléphone, en tout cas, moi, en un mois, je ne l'ai jamais vue répondre au téléphone, puis s'éloigner pour parler, vous voyez Capitaine, comme on fait quand on a une conversation intime. Parfois, quand elle se croyait seule, qu'elle ne se composait pas un visage, elle pouvait avoir l'air si mélancolique, si triste… La solitude, c'est dur à vivre pour une femme encore jeune. Antoine disait qu'elle avait une excellente réputation à Lyon et que son cabinet marchait très fort. En fait, son travail et sa famille remplissaient sa vie.

— Tout de même, poursuivit Lupita en secouant la tête d'un air accablé, finir comme ça, assassinée par un rôdeur, mourir de cette façon atroce et stupide... Pauvre Hélène, toute sa vie elle aura joué de malchance.

— Vous croyez vraiment qu'elle a été victime d'un rôdeur ?

— Quoi d'autre ? Le parc est grand, on peut y accéder facilement, il n'est séparé de la rue que par un muret. N'importe qui aurait pu y pénétrer. J'en ai vu un, moi, un jour, au retour d'une soirée, il devait être deux ou trois heures du matin, et bien j'ai vu quelqu'un qui dormait sous un arbre dans un sac de couchage...

Lupita sortit son smartphone de son sac et pianota dans l'album photo :

— Tenez, Capitaine, je l'avais photographié.

Scarcelli se saisit de l'appareil : le gars roupillait à poings fermés dans son sac de couchage, son sac à dos calé entre le tronc d'arbre et lui, sans doute pour le protéger des voleurs. Un type jeune, d'après ce qu'il pouvait en distinguer. Pas l'air d'un vagabond ou d'un sans-abri. Plutôt un routard, un jeune homme qui voyageait à pied et qui était venu dormir dans le parc, plus sûr que la plage, pour se mettre à l'abri des agressions nocturnes.

— Et vous ne l'avez pas réveillé ?

144

— Surtout pas. C'était au milieu de la nuit, ça n'aurait pas été prudent. Le lendemain matin, je suis allée voir et il était parti.

Le capitaine rendit son appareil à Lupita. Il était soucieux, guère optimiste sur les résultats de son enquête. Si cette femme avait raison, s'il s'agissait vraiment d'un crime de rôdeur, un type de passage, sans attaches, sans lien particulier avec la région (et jusqu'à présent tout portait à le croire), alors trouver l'assassin allait se révéler mission impossible. On était vendredi, il y avait donc cinq jours que le crime avait été commis et son auteur devait déjà être loin. L'assassinat d'une citoyenne *lambda*, sans mari, sans enfant, avec des chances à peu près nulles de mettre la main sur l'auteur du crime, l'enquête serait vite clôturée.

Et pourtant le capitaine était troublé, l'affaire ne lui paraissait pas aussi simple, il flairait quelque chose de pas net. Les relevés, empreintes digitales et ADN, effectués au rez-de-chaussée et dans les chambres du premier étage n'avaient rien donné. Après vérification, la plupart des traces analysées appartenaient aux membres de la famille, à madame Addington et aux deux domestiques qui s'étaient succédé à la villa, l'actuelle, Brigitte Faber, et celle qui avait pris soin de la mère jusqu'à son décès. Ils en avaient trouvé de cette dernière, naturellement. Et aussi des traces d'inconnus

145

qui pouvaient être n'importe qui, visiteurs, livreurs, réparateurs, dont aucune ne matchait avec le fichier central. Le lieutenant Moreau était même allé interroger les deux ouvriers qui avaient travaillé au second étage tout le mois de juillet. Se croyant soupçonnés, ils l'avaient mal pris. C'est tout juste s'ils n'en étaient pas venus aux mains. Moreau n'avait pas insisté. Et bien entendu, l'ADN de ces deux braves gars ne matchait pas non plus avec le fichier. On n'avait pas trouvé leurs empreintes au rez-de-chaussée, mais seulement sur les rampes, ce qui était normal puisqu'ils empruntaient les deux escaliers pour monter jusqu'à leur chantier du dernier étage. Évidemment, on pouvait en déduire que l'assassin portait des gants. Mais un rôdeur, un criminel d'occasion qui se sert d'une arme trouvée sur place et qui enfile des gants...

— Vous aviez parlé de votre découverte aux autres copropriétaires ?

— J'avais dit à Hélène de faire attention.

— Je vous demande si vous lui aviez parlé de cet homme qui avait franchi le mur de la propriété pour dormir dans le parc ? Vous la lui aviez montrée, cette photo ?

— Sûrement... ou peut-être que non, je ne m'en souviens plus. Il faut dire que, sur le moment, ça ne m'avait pas paru très inquiétant, juste un jeune gars qui voulait dormir quelque part sans être dérangé, rien de bien grave.

— Vous l'avez quand même photographié.

— Eh oui, je ne sais pas pourquoi, un réflexe. Mais j'avais bien dit à Hélène d'être prudente et de fermer les portes de derrière à clé la nuit. Ça, j'en suis certaine, je le lui ai dit à plusieurs reprises, même avant l'intrusion du type dans le parc. Hélas, elle ne m'a pas écoutée.

— Quelles étaient vos relations avec elle ?

— Bonnes, je vous l'ai déjà dit. Au début, c'était un peu tendu à cause de ce petit problème de bruit, les ouvriers dont je vous ai parlé qui avaient pris du retard. Mais ça s'est vite arrangé. Et puis nous n'étions pas toujours ensemble. Moi, j'allais souvent à Cannes retrouver des amis tandis qu'Hélène préférait se reposer à la villa, elle n'aimait pas beaucoup sortir. Mais nous nous comprenions, nos situations étaient un peu similaires. Moi aussi je suis seule à présent, il n'y a plus d'homme dans ma vie depuis que mon cher David n'est plus là.

— Vous étiez présente quand votre mari a eu son accident ?

— Oui, nous étions partis tous les deux en promenade. Comme beaucoup d'Anglais, David aimait la nature sauvage, je l'accompagnais parfois pour lui faire plaisir, parce que moi, hein, la nature sauvage…

C'est arrivé il y a presque un an, en octobre dernier. Nous étions allés à la première de La Traviata, l'opéra de Verdi, à la Scala, et nous y avions rencontré un ami italien de David qui nous avait invités quelques jours dans sa propriété d'Amalfi.

— Qu'est-ce qui s'est passé exactement ?

— Et bien on était allés marcher tous les deux un matin au bord de la mer, sur la côte rocheuse, et David s'est aventuré tout au bord, à un endroit très escarpé et… il est tombé. Je n'ai rien pu faire, je n'avais pas voulu m'avancer si près du bord et je me trouvais assez loin derrière lui. David était un bon marcheur, moi, je suivais comme je pouvais… Il a dû glisser et il est tombé… tout d'un coup, je l'ai vu disparaître.

Elle s'interrompit, son visage se crispa, et de nouveau elle joignit et se tordit les mains, un geste qui semblait récurrent chez elle sous le coup de l'émotion.

— Votre mari est tombé dans la mer ?

— Non, Capitaine. On l'a retrouvé tout en bas. Il avait rebondi dans sa chute et sa tête s'était fracassée sur les rochers.

— Qu'est-ce que vous avez fait après l'accident ?

— J'ai couru jusqu'à la première maison pour qu'ils appellent les secours.

— Vous n'êtes pas allée voir, vous n'avez pas essayé de lui porter secours vous-même en les attendant ?

— Je vous l'ai dit, je n'osais pas m'avancer si près du bord, sur les rochers glissants, avec la mer qui grondait en dessous, les vagues furieuses… Les côtes rocheuses m'ont toujours fait peur.

— Alors vous êtes partie comme ça, vous avez abandonné votre mari ?

— De toute façon, je n'aurais rien pu faire…

Lupita se leva brusquement :

— Mais qu'est-ce que ça veut dire ? C'est un nouvel interrogatoire ? J'ai déjà été interrogée par la police italienne, je vous signale. Eux, ils ont bien compris que je n'y étais pour rien. Elle saisit son sac avec colère et se passa la bandoulière à l'épaule :

— Ça suffit comme ça, je ne vous écouterai pas une minute de plus. Je veux m'en aller.

De mauvais gré, car il n'avait pas de motif suffisant pour la retenir, pas le moindre indice, pas l'ombre d'un mobile, et malgré son envie d'aller plus loin avec elle, d'essayer de comprendre à qui il avait affaire, le capitaine Scarcelli laissa son témoin partir, non sans lui réitérer l'ordre de ne pas quitter Antibes.

Antoine fut réinterrogé dans la foulée. Le capitaine l'avait déjà entendu, tout comme son amie Lupita, le jour même de la découverte du corps, et depuis bientôt une heure qu'il l'écoutait, qu'il l'observait, l'impression que le jeune homme lui avait faite la première fois, se confirmait : un type fantasque, célibataire et sans profession, artiste dilettante, en somme un irresponsable. Plutôt gentil, poli, pas énervé, ni agressif : un agneau. Mais à la PJ ils en avaient vu défiler de ces braves gens en apparence inoffensifs, auxquels on aurait donné le Bon Dieu sans confession, qui réussissaient à berner la police, leur famille, les médias pendant des mois, pour se révéler finalement les auteurs de crimes abominables. Et puis, à la différence de son amie, ce jeune homme avait un mobile. Il était déjà financièrement très à l'aise puisqu'il avait récemment vendu sa part de la maison mais, c'est bien connu, l'argent, les riches n'en ont jamais assez.

— Vous allez donc hériter de la victime ? reprit le capitaine, revenant à ce point crucial de son interrogatoire.

— Avec mon frère, je viens de vous le dire. Enfin en principe, le testament n'a pas encore été ouvert. Ma sœur a peut-être pris d'autres dispositions mais pour l'essentiel, oui, je pense que c'est nous.

— Qu'est-ce qu'elle possédait ?

— À ma connaissance, son appartement et son cabinet de Lyon, et sa part de la villa. S'il y a autre chose, de l'argent, un portefeuille, une assurance, je ne suis pas au courant, on verra ça à l'ouverture du testament. Mon frère le sait peut-être, lui, il la conseillait pour ses affaires. Il l'avait aidée pour l'achat de son appart et de son cabinet.

— Du coup, vous qui n'étiez plus copropriétaire de votre maison de famille, vous allez le redevenir ?

— Qu'est-ce que vous voulez dire ? réagit Antoine, mal à l'aise.

— Rien, je constate. Vous allez les vendre, ces biens immobiliers ?

— On en discutera avec Philippe. Nous n'y avons pas encore réfléchi. L'appartement de Lyon et le cabinet seront sûrement vendus, la villa je ne sais pas. Ça dépend aussi de madame Addington.

— Ah oui, justement, madame Addington. Elle m'a appris que vous aviez été amants ?

— Si on veut. Le temps d'un été et au début de l'été suivant. On était des ados. Un amour de vacances. Ça ne tirait pas à conséquence.

— Elle s'est terminée comment, cette relation ? C'est vous qui y avez mis un terme ?

— Je me suis intéressé à une autre fille. J'avais dix-huit ans.

— Et votre petite amie, comment elle a pris ça ?

— Elle n'a rien dit. C'était dans une fête, une soirée que j'avais organisée à la maison. J'ai commencé à danser avec l'autre jeune fille, à la serrer de près. Je me suis désintéressé de Lupita et elle est partie, elle a quitté la fête, c'est tout. À partir de là, je ne l'ai plus jamais revue, elle n'a plus jamais remis les pieds à la villa. Et moi je ne l'ai pas cherchée, je ne venais à Antibes que l'été, pour les grandes vacances. Enfin, elle a disparu de la circulation. Je suppose que c'est à cette époque qu'elle est partie travailler en Angleterre.

— Vous n'avez pas pensé qu'elle avait pu être profondément blessée par votre abandon ?

— J'étais jeune. Je me souviens que, plus tard, l'été suivant, j'ai repensé à elle et je me suis demandé où elle était passée… et puis j'ai oublié. Je me disais qu'elle réapparaîtrait bien un jour et voilà tout. Je n'imaginais pas que ce serait si longtemps après.

— Revenons à notre affaire, monsieur Ballestier. Le matin du crime, quand vous avez découvert votre sœur, essayez de vous rappeler votre première impression. Il n'y a pas quelque chose qui vous aurait frappé en particulier dans la cuisine, sur la scène de crime ? Vous n'avez rien remarqué d'anormal ?

— Si, Capitaine. Je me souviens que j'ai remarqué la bouteille de vin vide sur la table et que ça m'a semblé bizarre. C'était la bouteille de rosé que nous avions ouverte pour nous trois au dîner de la veille et dont nous n'avions presque rien bu. On en avait laissé plus de la moitié, et là, elle était vide. Ça m'avait étonné parce que je ne voyais pas Hélène vider le reste de la bouteille. Elle pouvait s'en être servi un petit verre pour accompagner son gâteau de riz mais boire le reste de la

152

bouteille à elle toute seule, non, ce n'était pas vraisemblable, Hélène ne buvait presque pas.

— Y a-t-il autre chose qui vous aurait frappé ? Un détail qui pourrait nous aider ?

— Je ne vois pas. Pas pour l'instant.

— Vous n'avez pas remarqué qu'il manquait un verre sur la table, celui qu'en toute logique votre sœur aurait dû avoir devant elle ?

— Je n'ai pas fait attention. J'étais bouleversé, assommé. Ça a été un choc terrible. Découvrir Hélène comme ça…

— Et bien, ce verre, que votre sœur avait probablement utilisé, nous l'avons trouvé sur l'évier. Toute la vaisselle de la veille avait été rangée dans le lave-vaisselle. Il n'y avait que ce verre, tout seul sur l'égouttoir. Il avait été soigneusement lavé, au labo ils n'ont trouvé aucune trace.

— Et vous en déduisez ?

— Ça conforte l'hypothèse d'un rôdeur. Son forfait accompli, il a besoin de se remettre, il boit le vin qui reste dans la bouteille en utilisant tout naturellement le verre qui se trouve à côté, sur la table. Mais du coup, il laisse son ADN sur le bord donc il prend la précaution de le laver soigneusement avant de sortir de la cuisine et de monter dans la chambre de sa victime.

— Comment pouvait-il savoir où se trouvait sa chambre ? Il y en a quatre au premier étage.

— Il a dû aller explorer la maison au hasard. Il aura trouvé la porte de votre sœur entrouverte ou pas fermée à clé.

— Un rôdeur, répéta tristement Antoine, une mort si tragique et si bête... Mais comment pouvait-il savoir qu'Hélène était seule dans la cuisine ?

— Il a dû la voir par la fenêtre, les volets n'étaient pas complètement fermés, juste rabattus. Et comme la porte de derrière était ouverte, il s'est introduit dans l'office sans faire de bruit puis dans la cuisine attenante. Est-ce que madame Addington vous avait parlé du vagabond qu'elle avait trouvé, une nuit, endormi dans le parc ? Elle l'avait même photographié. Elle ne vous a pas montré une photo ?

— Non, elle ne m'a parlé de rien. Je m'en souviendrais.

— Est-ce qu'elle en avait parlé à votre sœur ?

— Non plus, Hélène me l'aurait dit.

— Vous étiez proches avec votre sœur ? Elle se confiait à vous ?

— Très proches. On se disait tout.

— Vous ne diriez donc pas qu'elle avait une personnalité secrète.

— Ah non, pas du tout. Quand elle était en confiance, elle était même très communicative.

Tiens, constata le capitaine, le petit frère dit le contraire de sa copine. Et il en conclut que la victime se méfiait de Lupita.

Il reprit :

— Parmi les confidences qu'elle vous faisait, votre sœur ne s'était jamais plainte de quelqu'un ?

— Non, je ne vois pas. Pas récemment en tout cas.

— Elle ne vous avait pas parlé de menaces qu'elle aurait reçues ? Par exemple à Lyon, en relation avec sa profession. Des rivalités, un confrère hostile… ?

— Rien de semblable. À Lyon, ma sœur était très estimée.

— Elle ne vous avait pas semblé soucieuse ces derniers temps ?

— Au contraire, elle allait très bien. Hélène n'était pas du genre à s'agiter, elle ne bougeait pratiquement pas de la maison, sauf pour les courses, mais elle était très détendue.

Le capitaine rassembla les papiers épars sur son bureau et se leva :

— Bien, monsieur Ballestier, je vous remercie. Vous pouvez y aller, on va s'arrêter là pour aujourd'hui. Appelez-moi si vous vous souvenez de quelque chose qui pourrait être utile à l'enquête.

En sortant de là, Antoine respira un grand coup, content de se retrouver à l'air libre, et tout en se dirigeant vers sa moto il ouvrit son smartphone. Il avait un message de Lizzie. Elle venait de rentrer d'Espagne où elle avait posé pour une collection de lingerie automne-hiver. Elle était contente de sa saison, son été avait été bien rempli, et maintenant elle allait prendre un peu de vacances. Elle espérait qu'ils se verraient bientôt et lui envoyait mille baisers. Elle avait joint une photo d'elle en nuisette assez suggestive et ponctué son message de trois émoticônes joufflues ornées d'un petit cœur. Elle n'était bien sûr pas au courant du drame qui s'était produit à la villa.

En juillet dernier, quand, son compte en banque largement renfloué, Antoine était remonté à Paris tout faraud pour s'acheter une nouvelle moto et s'amuser un peu, il avait téléphoné à Lizzie et ils étaient sortis trois ou quatre fois ensemble. Quatre fois, pour être précis, dont trois s'étaient terminées dans le studio de Lizzie. Elle n'en avait rien dit à Philippe, ignorant où cette nouvelle relation la mènerait, préférant voir venir, et elle s'était tranquillement partagée entre les deux frères. Puis elle avait eu un engagement et elle était partie prendre des photos de maillots de bain aux Seychelles.

Pendant cette quinzaine où ils s'étaient vus régulièrement, ils s'étaient entendus à merveille, et pas seulement au lit. Lizzie était gentille, pas compliquée, et physiquement elle était tout à fait son genre. Ils

156

étaient jeunes tous les deux (Antoine n'avait que cinq ou six ans de plus qu'elle), ils aimaient le cinéma, la musique rock, surtout le *rockabilly* et la *synthpop*, sortir dans des endroits bruyants. Bref, ils étaient sur la même longueur d'onde.

Sur le moment, Antoine n'avait pas eu de scrupules. Il s'en souvenait parfaitement, c'était Philippe lui-même qui lui avait proposé le numéro de téléphone de Lizzie, en laissant entendre que la jeune femme n'avait pas beaucoup d'importance pour lui. Mais à présent qu'Hélène était morte, que Philippe avait perdu une sœur à laquelle il était très attaché, Antoine ne se voyait pas lui annoncer qu'il avait en même temps perdu son amie. Ce scrupule, la crainte d'ajouter un chagrin à celui qui venait de frapper son frère, tourna dans la tête d'Antoine le reste de l'après-midi puis, le soir venu, il prit sa décision. Il allait parler à Philippe, il devait le faire. Avec tout le tact dont il était capable, il lui annoncerait qu'il se passait quelque chose d'assez sérieux entre Lizzie et lui. C'était une question d'honnêteté, de respect, il ne pouvait pas continuer à lui mentir.

Le lendemain, Antoine se leva de bonne heure et descendit attendre le retour de Philippe dans la cuisine. Depuis la veille, Philippe avait repris son jogging. Cette discipline qu'il s'imposait habituellement en vacances, après la tragédie qui venait de frapper la famille, l'aidait à tenir le coup. Antoine l'avait entendu sortir de sa chambre à six heures, Philippe avait toujours été très matinal. À la concession, il arrivait bien avant ses employés même s'il se permettait parfois de quitter son bureau deux heures avant eux. Les plages étant ce qu'elles étaient au Cap Gros, on était loin des kilomètres de grève du Pas-de-Calais ou de la côte atlantique, il allait courir sur le sentier littoral très tôt le matin, avant l'afflux des randonneurs et des promeneurs. Parti à six heures, normalement, il rentrerait vers sept heures et demie. Lupita ne serait pas encore descendue, ils seraient seuls tous les deux. Antoine le mettrait au courant de sa relation avec Lizzie et lui ferait comprendre que la jeune femme comptait beaucoup pour lui.

Mais ce fut Philippe qui parla le premier.

Au retour de son jogging, il monta prendre sa douche et se changer. Puis il redescendit, alla préparer son petit-déjeuner et revint s'asseoir à l'office, face à son frère. Avec une certaine emphase mêlée de timidité, il commença, un rien cérémonieux :

— Antoine, j'ai quelque chose à te dire. Quelque chose d'important.

— Je t'écoute.

— Voilà, j'ai beaucoup réfléchi pendant mon voyage au Japon. C'est le bon côté des voyages lointains, ça permet de prendre du recul, on y voit plus clair. Et là, en repensant à ce qu'était ma vie, en faisant une espèce de bilan si tu veux, j'ai compris que je ne pouvais pas continuer à ne penser qu'à moi et à mes affaires, à vivre en égoïste, et qu'il était temps de fonder une famille. Enfin, bon, j'ai pris la décision d'épouser Lizzie.

Antoine resta impassible.

— C'est la femme qu'il me faut, je sais qu'elle sera une bonne épouse, une bonne mère pour nos enfants. Elle a pas mal travaillé cet été, elle était presque tout le temps absente, mais dès qu'elle sera rentrée, je l'appelle et je lui propose le mariage.

Elle est déjà rentrée, se félicita intérieurement Antoine, et Philippe ne le sait pas. C'est à moi qu'elle a fait signe en premier.

— Tu penses qu'elle sera d'accord ?

— Lizzie ? Elle ne demande pas mieux. Tout ce qu'elle souhaite, tout ce qu'elle attend de la vie, c'est se marier, tenir son intérieur et élever ses enfants. Elle me l'a plusieurs fois laissé entendre.

— Elle a peut-être changé d'avis.

— Et pourquoi elle aurait changé d'avis ? Ce qu'elle désire, une vie confortable et sans aléas, j'ai les moyens de le lui donner et elle le sait.

— Mais tu n'en es pas amoureux.

— Je la connais et je l'aime bien, c'est suffisant. Et puis, amoureux, je ne sais pas ce que ça veut dire. Ça ne m'est jamais arrivé, en tout cas pas depuis que j'étais ado. Peut-être que je ne suis pas capable de tomber amoureux, et alors, qu'est-ce que ça peut faire ? Je ne dois pas être le seul... L'important, c'est de fonder un foyer. Et je le fais aussi par respect pour la mémoire d'Hélène. C'est ce qu'elle voulait, Hélène, que je me marie, que j'aie des enfants, elle me l'a souvent répété, elle craignait que je vieillisse seul... Qu'est-ce que tu as ? On dirait que ça ne te fait pas plaisir ?

— Ni plaisir, ni pas plaisir. Tu fais ce que tu veux.

— Alors, souhaite-nous bonne chance.

— Bonne chance, dit Antoine.

Philippe resta pensif un instant, puis reprit :

— Il y a une autre chose dont je voulais te parler. Je ne voudrais pas être indiscret, mais qu'est-ce qu'il y a exactement entre Lupita et toi ?

Décidément, se dit Antoine, mon frangin est complètement à côté de la plaque.

— Rien. C'est une vieille amie.

— Alors pourquoi elle est ici, pourquoi elle rentre pas chez elle ?

— C'est à cause de l'enquête, c'est le capitaine qui lui a demandé de rester.

— Mais elle a passé presque tout l'été à la villa. Pourquoi ?

160

— Je ne sais pas, elle doit s'y plaire. Ou elle n'avait rien de mieux à faire.

— Je vais te dire la vérité, moi je ne la sens pas, ta copine. Elle me met mal à l'aise. Elle n'est pas à sa place dans cette maison, elle détonne.

— Elle est copropriétaire, ne l'oublie pas.

— Ça ne lui donne pas le droit d'être tout le temps fourrée chez nous. On se demande ce qu'elle fout là, et dans la chambre d'Hélène, encore ! C'est comme si elle prenait sa place... Non, elle est pas claire, cette femme. Va savoir ce qui se passe dans sa tête.

— Tu exagères. Lupita m'a rendu un très grand service, je lui dois quelque chose. Et c'est une amie d'enfance, après tout.

— Pas pour moi. Elle ne m'a jamais plu, cette fille. Même quand elle était ado, je lui trouvais quelque chose de trouble. Elle était trop maligne, sournoise. Hélène aussi s'en méfiait, elle trouvait qu'elle avait les dents pointues...

— Les dents pointues ?

— Les canines. Et, rappelle-toi, il y avait eu cette histoire de vol, le pendentif de maman qui avait disparu, sa petite panthère de chez Cartier avec des yeux d'émeraude... Tout le monde avait pensé à ta copine.

— On n'avait jamais su qui c'était. Maman l'avait peut-être perdu. Elle l'a reconnu elle-même à la fin.

— C'était pour mettre un terme à l'affaire.

— Mais il n'y avait aucune preuve contre Lupita. On ne peut pas accuser quelqu'un sans preuve.

— Je me demande si je ne devrais pas en parler au capitaine...

— Laisse tomber, Philippe. Tu vas trop loin, il y a plus de dix ans de ça, tu as trop de mémoire, mon cher frère.

— ... Ça les intéresserait sûrement.

— Si tu parles de cette vieille histoire à la police, tu attireras de gros ennuis à Lupita. Les flics vont sauter là-dessus parce qu'ils n'ont rien d'autre à se mettre sous la dent, aucune piste. Elle ne mérite pas ça, tout de même. Et ce n'est pas ce qui permettra de mettre la main sur l'assassin d'Hélène. Tout ce que ça fera, c'est retarder l'enquête...

Lupita entra et la conversation s'arrêta net. Ils parlaient de moi, comprit-elle. Et sûrement pas en bien. Elle leur lança un désinvolte « Salut, les garçons » et passa dans la cuisine pour se faire un café.

Philippe ne l'aimait pas, elle le savait. Même quand elle était ado, même quand elle n'était encore qu'une enfant, il n'aimait pas la voir fréquenter son jeune frère et il le lui faisait bien sentir. Il devait être en train de se plaindre d'elle à Antoine. Depuis qu'il était arrivé à la villa, il lui battait froid. Mais si elle était encore là, c'était bien parce que la police l'y obligeait. Elle, elle

162

n'aurait pas demandé mieux que de rentrer à Londres et se soustraire aux manières blessantes de Philippe. Cette façon qu'il avait de détourner la tête quand par hasard leurs regards se croisaient, de lui répondre par un vague grognement quand elle lui adressait la parole, ou même de ne pas lui répondre du tout. Ou encore, et c'était le plus déplaisant, de la suivre des yeux en silence, l'air de se poser des questions à son sujet, de ruminer quelque chose. Et comment qu'elle rentrerait chez elle, elle ferait ses valises aujourd'hui même si elle n'était pas clouée là par les enquêteurs ! Qui supporterait de se sentir ainsi surveillé, épié…

4

Ce matin-là, le soleil tapait dur sur le cimetière Rabiac, le vieux cimetière d'Antibes, pimpant sous l'azur avec ses allées bordées de conifères et tapissées de cailloux blancs. Il y avait même un oranger avec ses oranges qui semblait offrir à ses nouveaux pensionnaires comme un avant-goût du Paradis. Les Ballestier possédaient un caveau familial à Paris, au cimetière Montparnasse, où sa mère avait été enterrée auprès de son mari quelques mois plutôt, mais Hélène avait préféré être inhumée (elle l'avait écrit dans son testament) dans ce charmant cimetière bucolique où reposait déjà sa grand-mère. L'assistance n'était pas nombreuse, sept personnes en tout, en chemisette, veste de lin claire ou robe d'été, à la façon des gens du Midi qui, lorsqu'ils suivent un corbillard, ont toujours un peu l'air de se rendre à un pique-nique (tandis que les gens du nord s'engoncent dans d'épais costumes sombres même par une chaleur caniculaire). Étaient présents
164

maître Boisard, notaire historique de la famille, presque un ami, Bruno de Gueydan, averti par Lupita et venu par politesse, la secrétaire d'Hélène, doublement chagrinée par la perte d'une patronne aimable et par celle consécutive de son emploi puisque le cabinet dentaire était définitivement fermé, Lupita, bien sûr, et les deux frères, et puis Lizzie descendue exprès de Paris.

À l'écart, plus haut dans l'allée, à distance respectueuse mais bien visible, le capitaine Scarcelli observait le petit groupe avec l'espoir qu'il en sortirait quelque chose, un indice qui ferait avancer l'enquête ou du moins lui fournirait un fil conducteur, une piste à suivre. Il avait téléphoné au notaire. D'après le vieil homme, qui connaissait les Ballestier de longue date, il s'agissait d'une famille de la moyenne bourgeoisie sans histoires. Des gens bien qui, jusqu'au drame qui les avait frappés, avaient tenu leur rang sans faire parler d'eux. La troisième génération formait une fratrie unie, il les avait connus tout petits, il les avait fait sauter sur ses genoux... – Bien, se disait Scarcelli, mais maintenant les enfants avaient grandi.

Après le frère cadet, il avait interrogé l'aîné, Philippe, qui lui avait fait bonne impression. C'était un concessionnaire automobile, un chef d'entreprise et, depuis la mort des parents, le chef de famille. Un homme responsable. Tout le contraire de son frère, un jeune gars fantasque et instable. Une fratrie unie, avait dit le notaire ? Les deux frangins lui paraissaient bien trop différents pour être ce qui s'appelle « unis ». Philippe Ballestier avait fourni des précisions sur la fortune de sa sœur qu'il connaissait en détail parce qu'il l'aidait depuis longtemps de ses conseils. Un bel et vaste appartement à Lyon sur les quais de la Saône ; le cabinet où elle exerçait : trois pièces en enfilade dans un beau quartier ; le tiers de la villa du Cap Gros, qui ne valait pas rien ; une assurance-vie au bénéfice des deux frères ; des actions dans un laboratoire pharmaceutique... On s'entretue dans les familles pour beaucoup moins que ça.

Il observait leur amie et copropriétaire, Lupita Addington. Très remuante, elle allait de l'un à l'autre ou piétinait comme une personne impatiente que ça finisse et peinant à se maîtriser. L'intrigante madame Addington. Quel parcours, celle-là ! Elle devait en avoir dans la tête... Riche à crever, elle n'avait aucun mobile pour se débarrasser d'une femme dont elle n'était même pas l'héritière, mais Scarcelli ne comprenait toujours pas pourquoi elle avait photographié le routard endormi dans le parc ni pourquoi, comme le frère cadet l'avait affirmé, elle n'en avait parlé ni à lui ni à sa sœur. Il devait bien y avoir une raison à cela.

166

Et puis il y avait du nouveau, une nouvelle protagoniste : cette belle fille – un sacré châssis – qui se tenait comme un enjeu entre les deux frères, qui pouvait-elle bien être ? Il y aurait sûrement quelque chose à glaner de ce côté-là : les femmes trop belles, ça crée toujours des embrouilles.

Le surlendemain de l'enterrement, tel un oiseau de proie attiré par les effluves d'un cadavre encore frais, Iris Desclozeaux reparut à la villa, de nouvelles condoléances aux lèvres. « Qui c'est encore, celle-là ? », maugréa Philippe en la voyant s'avancer dans l'allée.

— Un agent immobilier. C'est elle qui est venue me voir après la mort de maman, elle avait des vues sur la villa.

— Tu lui as donné rendez-vous ?

— Non.

— Alors t'avais encore laissé la grille ouverte ? C'est pas possible ça quand même.

Il se tut, leur visiteuse était près d'eux.

Après les politesses préliminaires et quelques excuses évasives pour son intrusion, elle annonça aux deux frères qu'elle avait une offre à leur transmettre.

— De quel genre ? dit Philippe.

— Concernant votre maison. Une offre d'achat particulièrement intéressante.

Mal à l'aise sur ses hauts talons qui s'enfonçaient dans le gravier, elle s'interrompit, lorgnant vers les sièges du jardin. Les deux frères restant sourds à cet appel muet, elle continua vaillamment :

— Une offre vraiment très généreuse. Très au-dessus du prix du marché.

— Émanant de qui ?

— D'une entreprise, progressa prudemment Iris, sachant qu'elle s'aventurait sur un terrain glissant. Une entreprise solide.

— C'est-à-dire ?

— Paoli-Immobilier. Des gens très connus, très fiables. Ils œuvrent dans la région depuis les années quatre-vingt...

— Notre terrain n'est pas constructible, comme tous les terrains de la côte, la coupa Philippe, je suppose que vous êtes au courant ? C'est pour ça que nous ne sommes jamais emmerdés par les promoteurs. Qu'est-ce qu'ils pourraient bien en faire ?

— Ils ne me l'ont pas dit, pas encore. Mais leur offre est sérieuse. Sans quoi, minauda-t-elle, je ne me serais pas permis de vous déranger.

— Simple curiosité, qu'est-ce qu'ils proposent ?

— 30 % au-dessus du prix du marché. Votre villa avec son terrain vaut entre quatre et cinq millions, Paoli-Immobilier vous en offre six. Six millions.

Le chiffre dut faire son effet sur Antoine car il se dirigea d'un mouvement ferme vers le salon de jardin, entraînant les deux autres. Je vous en prie, dit-il en indiquant un fauteuil à Iris.

— Nous ne sommes pas vendeurs, déclara Philippe en s'asseyant néanmoins.

— Je comprends bien que vous ne puissiez pas vous décider tout de suite, dit Iris, mais ça vaut quand même la peine d'y réfléchir. Elle sortit de sa sacoche une épaisse et luxueuse brochure :

— Je vous ai apporté des informations sur l'acheteur. Vous verrez ce qu'ils ont déjà réalisé. Des gens sérieux, je vous le promets, ils ne vous feront pas perdre votre temps.

— Et qu'est-ce qu'ils pourraient bien réaliser ici puisque tout le littoral du Cap est protégé ? Elle est bizarre, cette proposition, on se demande ce que ça cache.

— J'ignore ce qu'ils ont en tête, mais il existe des possibilités. Par exemple, avec leur réputation, il pourrait obtenir l'autorisation de construire un immeuble de deux étages, quelque chose qui ne bouche pas la vue, ou peut-être des bungalows… Le terrain est grand, on peut facilement y creuser une piscine, installer deux ou trois courts de tennis. Avec son emplacement privilégié en bord de mer, et son orientation sud-est, ils n'auraient pas de mal à trouver des acheteurs. Ce serait une belle opération, pour vous comme pour eux, un gagnant-gagnant…

Antoine n'écoutait plus, les voix lui parvenaient comme un bourdonnement, un bruit de fond. Six millions… Avec la part qu'il allait récupérer de la villa (incluse dans l'héritage d'Hélène équitablement partagé avec son frère), ça lui ferait un million de plus. Et qu'est-ce que ça signifiait ? Eh bien ça signifiait tout simplement la liberté ! Plus jamais il n'aurait de soucis d'argent. Il achèterait un atelier à Paris, dans le quartier Montparnasse, il ferait sa peinture, il vivrait du revenu de son capital… Et pourquoi pas sept, huit millions ? La Desclozeaux avait dit une belle opération, un gagnant-gagnant. Tiens pardi, surtout pour le promoteur ! En négociant habilement on arriverait bien à lui faire augmenter son offre… Huit millions, peut-être neuf… Alors là, il serait assez riche pour intéresser un producteur, lui proposer de coproduire son film quand il aurait fini le scénario qu'il avait en route, qui dormait depuis quelques mois au fond d'un tiroir mais qu'il pourrait reprendre avec l'esprit libre… – Antoine divaguait. Gonflé d'allégresse, allégé, il se sentait s'élever telle une Montgolfière au-dessus de la masse des terriens besogneux qui peuplaient la planète, de ces

170

êtres rampants, affairés, inquiets. Plus jamais on ne lui parlerait de « gagner sa vie », de « se faire une situation », de « suivre une voie ». Plus personne ne le traiterait de « glandeur », comme le faisait trop souvent son frère. Sa voie, sa vie étaient toutes tracées : il allait faire partie des *heureux du monde*.

Un grand calme était retombé sur la maison. Après le drame, l'invasion de la police, les perquisitions, les interrogatoires, les obsèques éprouvantes, tout ce stress, toute cette agitation, les heures et les jours s'écoulaient dans une normalité morne, mais aussi, d'une certaine façon, reposante. Chacun tâchait de retrouver ses habitudes, un semblant de sérénité. L'été finissait. Lizzie était remontée à Paris. Elle était repartie le lendemain des obsèques, elle devait honorer deux contrats qu'elle avait signés au début de l'été, et elle commençait à penser aux préparatifs de son mariage bien que la date n'en ait pas encore été fixée. Philippe et elle s'étaient mis d'accord sur une cérémonie sans tralala, mais pas à la sauvette non plus : peut-être un déjeuner dans un salon particulier d'un restau chic avec quelques amis proches, pas plus d'une quinzaine. Il y avait une ombre au tableau : sa brève relation avec Antoine. Elle n'en avait pas parlé à Philippe et elle n'était pas sûre qu'elle le ferait. À quoi bon ? S'il finissait par l'apprendre, elle lui dirait qu'il ne lui téléphonait pas souvent, qu'elle se sentait seule, qu'elle ne lui avait rien dit de cette histoire justement parce qu'elle n'avait pas d'importance. Après tout, c'était quand même lui qui avait donné son 06 à son frère.

— Good morning, mon petit Antoine, est-ce que je peux te demander un service ?

— Dis toujours, répondit le « petit Antoine » sans lâcher ses pinceaux.

Lupita s'approcha et tendit son joli nez pointu vers la toile :

— T'as changé de manière ? Tu fais plus tes marines ?

— Non, il faut évoluer. Je cherche autre chose, un truc plus moderne.

— De la peinture abstraite ?

— Non, figurative. Mais une figuration très contemporaine. Quelque chose dans l'air du temps.

— Tu veux devenir célèbre ?

— Et pourquoi pas.

Il bifurqua :

— Alors, qu'est-ce que je peux faire pour toi ?

— Je dois aller voir quelqu'un à Cannes. C'est une amie qui ne va pas très bien, elle m'a envoyé un SMS, je lui ai promis de passer. Seulement mon chauffeur de taxi est absent, je suis tombée sur son répondeur, il est parti en vacances.

— Je t'y emmène à moto si tu veux.

Lupita fit une moue réticente.

— Quoi ? Je croyais que t'aimais bien te balader à moto ?

— Oui, mais là, j'avais l'intention d'en profiter pour faire des courses. À moto, avec les paquets, ça sera pas commode.

Elle sortit de sa poche une liasse de billets et la posa sur un guéridon :

— J'aimerais mieux que tu m'y conduises en voiture. Il n'y a qu'à en louer une. Tu pourrais t'en occuper pour moi ?

— Tu veux y aller quand ?

— En fin de matinée… Si tu peux, s'empressa-t-elle d'ajouter, je ne veux pas interrompre ton travail.

— Ça ira, dit Antoine en reposant ses pinceaux et en ramassant les billets. Je peux faire un saut chez Azur-car. Qu'est-ce que tu veux comme voiture ?

— Un modèle courant, tu sais que je n'aime pas me faire remarquer.

Antoine l'approuva mentalement : une jeune veuve, une femme seule richissime, elle a bien raison de se montrer discrète, c'est plus prudent.

— Une Renault ?

— Oh, n'exagérons rien. Quelque chose de plus rigolo, de plus sport…

Il la taquina :

— Une Porsche, une Maserati ? À Cannes, elle se remarquera pas tant que ça.

Lupita se fendit d'un sourire et proposa :

— Pourquoi pas un 4x4 ?

— S'ils en ont.

— Un Range Rover, tiens, je me sentirai un peu chez moi. Écoute, débrouille-toi. Le frère d'un mordu des voitures… Tu en trouveras bien un quelque part. Et puis prends un slip de bain, tu iras m'attendre sur la plage. Je n'en aurai pas pour longtemps avec ma copine et je t'invite à déjeuner pour la peine.

Deux heures plus tard, Antoine déposa Lupita devant un splendide immeuble de la Croisette, alla garer le Range Rover Evoque qu'il avait loué dans un parking payant hors de prix et, sa serviette de bain roulée sous le bras, rejoignit peinardement à pied la plage du Carlton où ils étaient convenus de se retrouver.

Cannes se vidait peu à peu mais les deux tiers des transats alignés par dizaines sur le sable et sur le ponton étaient encore occupés. Les vacanciers de septembre. Antoine se laissa conduire par un plagiste jusqu'à une place du troisième rang et lui glissa cinquante euros de l'argent de Lupita. Puis il ôta sa chemise, son pantalon

174

et s'étendit. L'ambiance était élégante et calme, aux antipodes des plages de Saint-Trop. Seul un léger brouhaha lui parvenait du restaurant, pourtant déjà archiplein. Installés sur les canapés du bar, autour des tables basses, des gens attendaient le deuxième service en buvant du champagne, dorlotés par des plagistes en pantalon blanc. Il y avait quelques jolies filles, trop minces et trop sophistiquées au goût d'Antoine. Lui, il aimait les femmes pleines et douces. Les femmes comme Lizzie. Lizzie, la fille qu'il aurait pu aimer… Ouais, bon, évitons les grands mots, mais Lizzie était exactement la copine qu'il lui fallait : belle, affectueuse, pas intellectuelle, pas bavarde, elle cochait toutes les cases. Et elle pouvait aussi être très amusante quand elle s'y mettait. Une ou deux coupes, et hop c'était parti. Ce qu'ils avaient pu rigoler tous les deux ! Hélas, hélas, Lizzie n'était plus à lui. Elle avait accepté la demande en mariage de Philippe. Elle avait choisi la sécurité. Elle avait dit oui, mille fois oui à la tranquillité et au confort, et c'était son frère (vingt ans de plus qu'elle, merde, et il n'en était même pas amoureux !) qui l'aurait.

Antoine se secoua pour chasser ces pensées frustrantes. Il abandonna son transat, marcha jusqu'au bout du ponton et sauta dans l'eau froide.

— Des homards ! s'exclama gaiement Lupita en consultant le menu du restaurant de la plage. Tu veux un homard grillé ?

Antoine acquiesça.

— Ça s'est bien passé avec ton amie ?

— Moyennement. Elle ne va pas bien. Son amant vient de la plaquer. Ça lui a fait un choc. Elle ne tient pas le coup, elle déprime. Elle s'est même mise à boire le matin. Un gros chagrin d'amour, quoi… Tu vois, les milliardaires aussi peuvent être très malheureux.

— Quand même moins que les autres.

Il remplit à demi leurs verres de glaçons et versa le vin rosé par-dessus.

— Qu'est-ce que tu veux faire cet après-midi ?

— Quelques courses, comme je t'ai dit.

— Tu veux pas te baigner ?

Elle contempla la surface étale de la mer désertée, à l'heure du repas, par les baigneurs.

— Pas envie. J'en profiterais bien pour aller chez le coiffeur mais je ne veux pas bloquer ta journée…

— Bloque, chère Lupita, bloque tant que tu voudras. Prends ton temps. Je t'attendrai ici, ça me permet de réfléchir.

Il s'interrompit, on leur apportait les homards. Il s'attaqua au sien, claqua la langue en signe d'approbation, puis annonça :

— On a eu une visite l'autre jour avec Philippe, pendant que t'étais pas là.

— Ah oui ?

— Un agent immobilier. *Une* agente… Iris Desclozeaux, tu la connais ?

— Non. Qu'est-ce qu'elle voulait ?

— Faire une offre pour la villa…

Il ajouta sur un ton détaché :

— Tu serais vendeuse, toi ?

— Pas spécialement. Je viens d'en acheter une partie, je suis en train de l'aménager… Pourquoi veux-tu.

Elle le scruta, l'œil amusé :

— Parce que tu serais vendeur, toi ?

Il mentit :

— Je ne sais pas, j'y ai pas trop pensé.

— Et Philippe, il serait vendeur ?

— Philippe ? J'en sais rien. Tout ce que je sais, c'est qu'il a dit non. Faut voir comment il l'a envoyée bouler, l'agente immobilière…

Le lendemain de leur journée cannoise, Antoine ne se montra pas avant dix heures, il était rentré tard la veille. Lupita était dans le jardin, elle prenait un bain de soleil. Il alla se préparer un plateau et revint s'installer près d'elle, encore tout embrumé.

177

— Vous vous êtes bien amusés, hier soir ?

— Non.

— Qu'est-ce que vous avez fait ?

— Une boîte à Juan-les-Pins. C'est mes copains qui ont insisté, ils voulaient me changer les idées. Mais je me suis ennuyé, j'avais l'esprit ailleurs.

— Ça tire à sa fin, remarqua Lupita, bientôt la quille.

Il comprit qu'elle faisait allusion à l'enquête, la PJ ne pourrait pas la retenir éternellement. Elle avait hâte de rentrer chez elle.

— Ça doit être sympa, Londres en automne.

— Comme toutes les grandes villes. C'est la rentrée, la vie trépidante qui recommence.

— Qu'est-ce que tu fais aujourd'hui ? Tu veux que je te conduise quelque part ?

— C'est gentil mais ça sera pas la peine. Des amis doivent venir me chercher. On va passer la journée sur un bateau. Je veux profiter encore un peu du soleil avant de partir.

— Vous allez où ?

— Pas loin, juste une balade. Peut-être autour des îles de Lérins. On déjeunera sur le bateau, on nagera au large.

Elle proposa sans conviction :

— Tu veux venir ?

— Non merci. – Antoine n'aimait pas trop sa bande de fêtards friqués à la gaieté surfaite. *Voyez comme*

178

nous sommes chics… Admirez comme nous sommes désinvoltes et joyeux… On s'amuse, on s'amuse… – Philippe est pas là ?

— Je l'ai pas vu. Il doit faire son jogging.

— Il devrait être revenu, il part de bonne heure d'habitude.

— Je sais pas. Il est peut-être allé à la plage.

Elle sauta de son transat et se dirigea vers la maison.

— Je vais m'habiller, dit-elle, mes amis ne vont pas tarder.

Sur le point de franchir le seuil, elle se retourna :

— Au fait, tu peux rapporter la voiture. Mon chauffeur de taxi est rentré.

À la fin de la matinée, Antoine ramena le Range Rover chez le loueur, puis il se remit à sa peinture et travailla sans être dérangé jusqu'au soir.

Lupita revint de sa journée en mer toute illuminée, les cheveux encore humides, un coup de soleil cuivrant sa peau mate. En un éclair, Antoine revit l'adolescente sortant de l'eau, la nageuse de dix-huit ans au petit corps musclé dont il léchait la peau salée sur la plage.

— Tu es contente de ta balade ?

— Très. Je me suis beaucoup baignée. C'est toute autre chose de nager dans l'eau profonde, seule, en laissant le bateau loin derrière. On se sent à la fois fragile et puissante.

— Tu étais bonne nageuse, je m'en souviens. Tu nages toujours ?

— L'été. Surtout en croisière, sur les yachts de mes amis. Ça ne m'amuse plus de nager à la plage.

— Elle regarda autour d'elle : Philippe est pas rentré ?

— Non.

— Il a téléphoné ?

— Non plus. Il a peut-être rencontré des gens.

— Il aurait pu appeler, quand même.

— C'est pas trop son genre. Tu le connais pas, Philippe, il est très indépendant. Quand il va rentrer, tu vas voir qu'il s'excusera même pas.

Le lendemain, Lupita descendit à neuf heures. Antoine finissait son petit-déjeuner, l'aide-ménagère commençait à débarrasser.

— Bonjour, Brigitte.

— Bonjour madame Lupita, vous avez bien dormi ? Qu'est-ce que vous voulez pour midi ?

— Rien de spécial, faites à votre idée, je suis sûre que ça sera très bien.

— J'ai préparé le plateau de monsieur Philippe pour quand il reviendra de son jogging.

Lupita fixa Antoine avec insistance et leva les yeux en direction du premier étage. Antoine lui fit signe que non. Il avait vérifié, son frère n'était pas chez lui.

— Il va falloir prévenir la police, dit Lupita, un moment plus tard, quand Brigitte fut montée faire les chambres.

— C'est trop tôt, ils vont nous rire au nez. Un homme de quarante-cinq ans, célibataire, tu penses. Ils bougeront pas avant quarante-huit heures, et encore.

— On pourrait peut-être aller voir.

— Voir quoi ?

— Il lui est peut-être arrivé quelque chose, il a peut-être eu un malaise…

— Quelqu'un l'aurait trouvé, on nous aurait téléphoné.

— Ou il a pu être attaqué par des voyous, tout seul de si bonne heure. Il attend peut-être quelque part, blessé, sans pouvoir bouger. Tu sais où il va courir d'habitude ?

— Sur le sentier littoral, côté sud, en direction de la pointe du cap. C'est par là qu'il court la plupart du temps. Mais il a pu changer.

Antoine vida son bol d'un trait :

— D'accord. Je monte m'habiller. On se retrouve dans vingt minutes en bas.

Ils avaient l'intention de suivre, à pied naturellement, le chemin que Philippe avait pris la veille – si toutefois il n'avait pas modifié son trajet. Mais l'heure n'était pas la même. Au milieu de la matinée, quand ils entreprirent leur reconnaissance, avec la manie qu'ont les touristes de se rendre tous en même temps au même endroit, le sentier littoral était rempli de promeneurs et d'enfants qui cavalaient dans tous les sens. Philippe, lui, partait à l'aube, quelquefois même quand il faisait encore nuit pour sentir le jour se lever. Et comme il avait tenté de le faire comprendre à son frère, c'était une expérience extraordinaire. Lui qui courait sur la surface de la Terre en même temps que se mouvaient les planètes. Alors la perception qu'il avait du monde s'élargissait jusqu'à l'infini, il était en communion avec l'univers. Il éprouvait la sensation intense et formidablement sécurisante d'en faire partie, d'être où il devait être.

Lupita, qui était née à Antibes et connaissait chaque détour, chaque recoin de ce sentier accidenté et venteux, prit la direction des opérations. Ils marcheraient sur les bords du chemin, elle à gauche, côté rivage, Antoine à droite.

Ils avancèrent, scrutant le sol sablonneux et les broussailles à la recherche d'un indice, un lambeau de tissu déchiré, une traînée de sang, un objet tombé de ses poches, qui laisserait penser que Philippe n'était pas loin, ou embrassant l'étendue des rochers qui dégringolaient jusqu'à la mer, parfois en cascade, parfois comme un mur abrupt, une falaise.

Après une demi-heure, ils arrivèrent au bout de la partie côtière du parcours, presque à la pointe du cap, sans avoir rien trouvé et, poursuivant leur vaine recherche, ils continuèrent sur le sentier par l'intérieur, en sens inverse, et fermèrent la boucle qui les ramenait à la villa.

— Et maintenant, qu'est-ce qu'on fait ? dit Lupita.

— J'en sais rien.

— Je crois qu'il vaudrait mieux avertir la police.

— Attendons encore un peu, dit Antoine. J'appellerai les flics demain matin, ça fera juste quarante-huit heures.

Il n'eut pas à le faire. Vers quatre heures de l'après-midi, deux gendarmes de la brigade nautique d'Antibes sonnèrent au portail et demandèrent à parler à monsieur Ballestier. Antoine se présenta, soudain pâli, blanc comme un linge. Après le salut de rigueur, le plus gradé ôta sa casquette et prit la parole à voix basse. Une de leurs vedettes en patrouille avait repéré un corps sur la côte rocheuse, dans l'ombre d'une anfractuosité. La vedette s'était approchée et ses deux pilotes avaient pris le cadavre en charge. L'homme avait son portefeuille et son mobile sur lui : il se nommait

Philippe Ballestier. Ils avaient trouvé un autre Ballestier dans le répertoire. Je suis son frère, dit Antoine. Avec embarras – ce genre de mission, informer les familles de la mort d'un des leurs n'était pas ce qu'il préférait dans sa profession –, le gendarme marmonna quelques condoléances et lui demanda s'il pouvait les accompagner à la morgue pour l'identification. Ils le reconduiraient à son domicile. Tous trois étaient restés debout à l'entrée. Un peu à l'écart, plantée au milieu du salon, Lupita assistait à la scène, comme pétrifiée. Antoine décrocha sa veste de la patère et suivit les gendarmes.

La salle d'autopsie baignait dans une lumière blafarde, dispensée par les plaques électriques du plafond dont la moitié étaient éteintes. Dans un coin de la pièce, le seul bien éclairé, le médecin légiste en blouse blanche, de dos, examinait des photos. Pas une fois il ne se retourna, comme s'il évitait délibérément de rencontrer les proches de celui qui, sous les yeux d'un parent ou d'un ami, était toujours une personne, mais qui ne serait plus pour lui, maniant son scalpel et sa scie, qu'une dépouille, un objet d'analyse et d'investigation. Deux des trois tables d'opération étaient vides. Sur la troisième, avant d'être rangé dans le tiroir réfrigéré où il attendrait son tour d'être autopsié, gisait un corps recouvert d'un drap.

Le gendarme en souleva un coin, Antoine se fit violence pour regarder. Le visage de son frère était très reconnaissable, presque intact, sauf une entaille profonde et nette qui en barrait tout un côté, qu'il avait dû se faire contre une arête acérée en dégringolant de rocher en rocher, jusqu'au dernier, tout en bas, où il était resté accroché.

— Nom de Dieu de nom de Dieu, pesta le capitaine Scarcelli avec une indignation sincère. Mais qu'est-ce que c'est que cette famille, qu'est-ce que c'est que cette baraque !

Il revint aux photos étalées sur son bureau. Il avait parlé moins d'une semaine plus tôt à l'homme qu'il voyait là, immergé dans l'eau sombre jusqu'à mi-jambe, le reste de son corps sans vie retenu dans une fente de l'amas rocheux. Un homme dans la force de l'âge et qui lui avait fait l'effet d'un type bien.

— On l'a trouvé à deux heures quinze, on venait juste de reprendre notre service, dit le maréchal des logis Sabatier. Et on a eu de la chance de l'apercevoir. Là où il était, la côte se renfonce, ça fait comme une petite crique, un puits d'eau à peine ouvert. C'est grâce à son survêtement bleu qui ressortait sur la roche. Il aurait eu un survêt blanc ou gris, on serait passés devant sans rien voir.

— Il était là depuis longtemps ?

— D'après le légiste, intervint le brigadier Naullin, il était mort depuis environ trente-six heures. Son frère a dit aux collègues qui sont allés prévenir la famille qu'il n'était pas revenu de son jogging le mardi matin et qu'il ne l'avait pas revu depuis.

— Il l'avait vu quand pour la dernière fois ?

— La veille au soir, ils avaient dîné ensemble avec leur amie. D'après ce qu'il a déclaré à la gendarmerie, lui-même était parti après dîner rejoindre des copains et il était rentré tard dans la nuit.

— Alors comment pouvait-il savoir que son frère était allé faire un jogging ?

— C'est ce qu'il faisait d'habitude. Et puis sa voiture était dans la cour. En plus, il y avait une tasse sale à côté de la machine à café. Il buvait toujours un café avant de partir, il prenait son petit-déjeuner en revenant. C'est ce que son frère a dit aux gendarmes. Nous, ce qu'on a pensé en premier, c'est qu'il avait été attaqué par des voyous, mais il avait toutes ses affaires sur lui : son portable dans la poche de son pantalon, son portefeuille dans la poche poitrine du blouson, et même sa montre, une *Rolex Oyster Perpetual* de grande valeur. Elle marchait encore, dites donc ! Tout a été mis sous scellés.

Le capitaine prit en main le rapport d'autopsie, un rapport succinct en attendant une analyse plus poussée.

— Il semblerait que la victime ait été renversée par une voiture. C'est ce qu'a écrit le médecin légiste. Seulement le sentier littoral n'est pas carrossable.

— Et il est interdit aux véhicules motorisés, confirma le maréchal des logis. Mais il reste à peu près carrossable à certains endroits. Un conducteur a pu s'y engager malgré l'interdiction. Juste au-dessus de la crique rocheuse, à l'endroit d'où le corps a pu être précipité, le sentier est assez large pour une voiture. Ou pour une moto.

— Et pourquoi il s'y serait engagé, puisqu'il ne mène nulle part, qu'il devient très vite impraticable ?

— Il le savait peut-être pas. Un touriste, un vacancier…

— Il était peut-être saoul, suggéra le brigadier. Au petit matin, après une nuit de beuverie, une idée qui lui sera passée par la tête, envie de voir la mer, de s'aventurer au bord du rivage, aller où les autres ne vont pas… Une lubie d'ivrogne.

— Selon le médecin légiste, poursuivit le capitaine, le conducteur aurait pu s'acharner sur la victime, repasser dessus deux ou trois fois. Il a noté des côtes enfoncées, la nuque brisée, un fémur fracassé… Vous avez trouvé des traces de pneus ?

— Rien d'utilisable. Juste quelques fragments presque impossibles à identifier. Ils seraient jamais acceptés comme preuves. On a pris des photos mais ça servira à rien. Vous vous rendez-compte, sur le sentier poudreux, avec les promeneurs qui piétinent les traces depuis deux jours...

— Moi, ce que je pense, c'est que si un chauffard ivre s'est engagé sur le sentier à l'aube, il devait se croire seul et il a écrasé le joggeur accidentellement. Il aura pris peur et il aura terminé le travail en repassant dessus, puis balancé sa victime, peut-être encore en vie, dans le trou d'eau.

— C'est une possibilité, convint le maréchal des logis.

— Une parmi d'autres, dit le capitaine.

Mais pour lui, ces deux membres d'une même famille assassinés à quelques semaines d'intervalle, ça ne pouvait pas être un malheureux hasard, une fatalité. Et en fait, ce deuxième crime ranimait l'espoir de résoudre le premier. L'enquête sur l'assassinat d'Hélène Ballestier n'avançait pas et elle avait peu de chance d'aboutir s'il s'agissait du crime fortuit d'un type de passage, un routard probablement déjà loin, peut-être à l'autre bout du monde. Mais si, comme il en avait l'intuition, les deux affaires étaient liées, c'était du point de vue de l'enquête une bonne nouvelle car ça ramenait le champ des investigations pour le premier crime – en même temps que pour le deuxième – à l'intérieur du périmètre de la villa.

Consterné, Antoine regardait à travers la fenêtre les techniciens de la police scientifique qui s'affairaient autour de sa nouvelle moto, sa belle Moto Guzzi V7 Stone. Ils avaient déjà démonté les roues, opéraient des prélèvements minutieux sur les pneus, examinaient à la loupe les jantes et le carénage.

— J'espère qu'ils vont pas l'abîmer.

— Vous en faites pas, le rassura le capitaine dans son dos, ces gars ont des doigts de fée.

Mais il nota :

— Son frère a été assassiné il y a trois jours et il s'inquiète pour sa moto.

— Je disais ça machinalement, dit Antoine comme s'il avait deviné les pensées du policier. Et qu'est-ce qu'ils fabriquent sur la voiture de mon frère ?

— Leur boulot. Des relevés.

— Vous pensez tout de même pas que Philippe aurait pu être écrasé avec sa propre voiture ?

— On pense pas, on vérifie. C'est la routine.

— À propos, dit le lieutenant Moreau, vous avez les clés ? Vous savez où votre frère rangeait ses clés de voiture ?

— Aucune idée. On peut aller voir dans sa chambre, si vous voulez.

Antoine quitta son poste d'observation et le précéda jusqu'au premier.

— Les voilà, dit-il en ouvrant le tiroir de la table de chevet.

— Ah bien, dit Morcau – et il tendit main d'un mouvement qui pouvait sembler naturel.

— Prenez-les vous-même.

Prudent, le frangin, pensa le lieutenant, et plus malin qu'il en a l'air. Il ne veut pas laisser ses empreintes dessus. La confiance règne.

Revenu dans le salon, il appela l'un des techniciens qui travaillaient sur la voiture et lui remit les clés à travers la fenêtre.

D'un geste nonchalant, Antoine désigna deux fauteuils aux policiers et s'assit lui-même près de Lupita sur le canapé.

— Il y a d'autres véhicules dans la maison ? s'informa le capitaine.

— La voiture de ma sœur. Elle est toujours dans la remise. Elle n'a pas bougé depuis… le crime.

— Vous vous déplacez comment ?

— Avec ma moto, je n'ai pas de voiture. Je préfère cent fois circuler à moto, c'est plus facile. Surtout à Paris.

— Et vous, Madame, vous non plus vous ne possédez pas de voiture ?

— Je ne conduis pas.

— Vous n'avez pas votre permis ? s'étonna le lieutenant.

— Bien sûr que si, mais il y a longtemps que je ne conduis plus. Mon mari avait un chauffeur. Je l'appelle de temps en temps, quand il est libre. Autrement je prends des taxis. Il m'arrive même de prendre l'autobus, figurez-vous. Je n'aime pas conduire à Londres, la circulation y est impossible.

— Mais ici, en France ?

— Je ne m'y risquerais pas. Avec la conduite à droite, je ferais une conductrice redoutable.

Elle ajouta sur un ton plaisant :

— Un vrai danger public.

— Vous vous déplacez comment, alors ?

— En taxi. Ou bien c'est Antoine qui a la gentillesse de me conduire. Et j'ai des amis à Cannes que je vois souvent. Ils viennent me chercher et me raccompagnent.

— Quels taxis ? s'enquit le capitaine. Vous devez avoir une compagnie préférée, celle que vous appelez d'habitude ?

— … Les Taxis de la Garoupe, répondit Lupita avec réticence. C'est un couple, ils travaillent à deux. Mais c'est le mari qui s'occupe de moi et il est convenu qu'il me donne la priorité. Quand je l'appelle, il se rend disponible. Dans la mesure du possible, évidemment.

— Rien d'autre ? Vous n'avez pas d'autre moyen de locomotion ?

Après deux ou trois secondes, comme un temps prolongé d'hésitation, Antoine déclara :

— Il peut nous arriver de louer une voiture mais c'est rare.

— Ah oui ? fit le capitaine, sa curiosité éveillée et l'invitant à se montrer plus précis.

— Il y a quelques jours, on a loué un 4x4, un Range Rover. Lupita avait des courses à faire à Cannes et à moto, avec les paquets, ça n'aurait pas été commode.

— Pourquoi un Range Rover ?

— Lupita trouvait ça plus rigolo, plus sport.

Le capitaine se tourna vers la jeune femme :

— Vous n'avez pas appelé votre taxi comme d'habitude ? Pour quelle raison ?

— Bien sûr que je l'ai appelé ! Mais je suis tombée sur leur messagerie. Ils étaient en congé.

— Vous auriez pu en appeler un autre.

— Oui, j'aurais pu, répliqua-t-elle sèchement, impatientée. Mais là, j'ai trouvé plus commode de louer une voiture. On était plus libres. Antoine m'a attendue sur la plage pendant que je faisais mes courses. On n'avait pas à s'inquiéter de trouver un taxi pour rentrer.

— Vous l'avez loué quand, ce 4x4 ?

— Ça doit faire cinq ou six jours, dit Antoine. Je suis allé le chercher chez Azur-car à Antibes,

— Quel jour exactement ?

192

— C'était quand, Lupita, que je t'ai emmenée à Cannes ?

— Mardi, je crois. Ou plutôt lundi. Oui, c'était lundi. J'en suis sûre parce que plusieurs boutiques étaient fermées.

— Vous êtes allée fait vos courses le jour où les boutiques étaient fermées ?

— J'y avais pas pensé. Et puis elles étaient pas toutes fermées.

— Lundi, ça fait exactement deux jours avant la découverte du corps de votre frère, calcula le lieutenant Moreau.

— C'est une coïncidence ! se défendit Antoine.

— Une coïncidence fâcheuse. Et vous l'avez rendu quand, votre 4x4 ?

— Mardi, parce que Lupita n'en avait plus besoin, son taxi était rentré.

— Parlez-moi un peu de cette journée à Cannes, reprit le capitaine. Qu'est-ce que vous avez fait exactement ?

— J'ai déposé Lupita chez une amie puis je suis allé l'attendre sur la plage du Carlton.

— Mais, madame Addington, vous ne m'avez pas dit que vous alliez à Cannes pour faire des courses ?

— Oui, mais avant je suis allée voir une amie. Elle m'avait envoyé un SMS pour me dire qu'elle n'allait pas bien.

Le lieutenant sortit son carnet :

— Elle s'appelle comment, cette amie ?

— Marie-Elisabeth Leroy-Beauchamp. Mais qu'est-ce que ça peut vous faire ?

— Son adresse ?

— Elle habite sur la Croisette.

— Quel numéro ?

— J'en sais rien.

— Vous ne savez pas où vous êtes allée ?

— Je connaissais l'immeuble, c'est au-dessus d'une banque.

— Je t'ai déposée devant le 82, dit Antoine.

— Donc, vous êtes allée voir une amie…

— Oui, elle était un peu dépressive. J'y suis allée pour la consoler. Je ne suis pas restée longtemps, peut-être une demi-heure.

— La consoler de quoi ?

— Un chagrin d'amour.

— L'amour, toujours l'amour, chantonna le lieutenant Moreau.

— Et après ?

— Il était midi passé, j'ai rejoint Antoine sur la plage pour déjeuner.

— Et ensuite ?

— Ensuite, Capitaine, j'ai fait mon shopping et je suis allée chez le coiffeur.

— Quel coiffeur ?

194

— Dessange, vous pouvez vérifier. Ils me connaissent, c'est là que je me fais coiffer d'habitude.

Elle commençait à s'énerver :

— La barbe à la fin, à quoi ça vous avance de me demander ça. Elles riment à rien vos questions.

La voyant mal partie, Antoine prit le relais :

— À la fin de l'après-midi, Lupita est venue me chercher. On est allés reprendre la voiture au parking et on est rentrés.

— Il était quelle heure ?

— A peu près cinq heures.

— De sorte que, vous, vous avez passé tout l'après-midi sur la plage ?

— C'est ça.

— Vous avez fait quoi ? Vous vous êtes baigné, vous vous êtes fait bronzer au soleil ?

— J'ai réfléchi.

— Réfléchi à quoi ?

— À toutes sortes de choses. À l'avenir.

— Qu'est-ce que vous avez fait ce soir-là, après avoir quitté Cannes ?

— Rien de spécial. On est rentrés directement. Mon frère nous attendait. On a pris l'apéritif dans le jardin et on a dîné tous les trois. Et après j'ai été retrouver mes copains. On est allés faire un petit tour dans une boîte de Juan-les-Pins.

— Il a duré jusqu'à quand ce petit tour, vous êtes rentré à quelle heure ?

— Vers deux heures ou trois heures, je sais pas au juste.

— Vous aviez bu ?

— Normalement. Enfin oui, j'avais pas mal bu. Mais pas plus que les autres.

Antoine commençait à perdre son calme :

— Vous m'emmenez où, là ? Où vous voulez en venir ?

Jugeant qu'il ne pouvait aller plus loin hors du cadre d'un interrogatoire officiel, le capitaine mit un terme à l'entretien.

— Nous aurons l'occasion de reparler de tout ça, dit-il en abandonnant son fauteuil.

Puis il remercia et prit congé.

Les deux policiers partis, Antoine retourna à la fenêtre. Les techniciens de la police scientifique étaient toujours là. À présent, ils avaient ouvert la remise et c'était après la Peugeot d'Hélène qu'ils en avaient. Mais l'examen fut rapide. Ils eurent vite fait de constater que la voiture n'avait pas roulé depuis un moment et ils se décidèrent enfin à quitter les lieux.

— Ils déménagent, observa Antoine, c'est pas trop tôt.

— Pourquoi t'as parlé du Range Rover au capitaine ? l'interrogea âprement Lupita aussitôt que le dernier policier fut hors de vue.

— Parce qu'ils se seraient renseignés auprès de tous les loueurs du coin. Il valait mieux leur dire nous-mêmes.

— Et pourquoi tu leur as dit que c'est moi qui avais demandé un 4x4 ?

— J'ai pas dit ça.

— Si, t'as dit que je trouvais ça plus rigolo.

— Et bien, c'est pas ce que t'avais dit ?

— Tu leur as même donné le numéro de l'immeuble ! T'étais pas obligé !

— Ils avaient noté le nom de ta copine. Ils auraient pas eu de mal à la localiser à Cannes. Ils vont tout vérifier, qu'est-ce que tu crois. Tout ce qu'on leur a dit. Il valait beaucoup mieux se montrer coopératif.

— Ça, pour te montrer coopératif, on peut dire que tu t'es montré coopératif !

— C'est mieux, je te dis. On avait intérêt à leur parler franchement. Si on leur avait caché quelque chose, ça aurait fait très mauvaise impression.

— Tu crois qu'ils nous soupçonnent ?

— Et comment qu'ils nous soupçonnent ! C'est toujours l'entourage qu'ils soupçonnent en premier.

Le regard d'Antoine se reporta au-dehors :

— Les salauds, ils ont même pas remonté ma moto !

En rupture avec l'habitude des membres de la police qui vont généralement par paires, le lieutenant Moreau se rendit seul à l'agence Azur-car d'Antibes. Il fut accueilli par une hôtesse ravissante et gracieuse, détail qui lui parut de bon augure pour la suite. Après lui avoir montré sa carte, il la pria de vérifier si elle avait bien loué un 4x4 Range Rover le lundi de la semaine précédente. La jeune femme fit défiler son registre sur l'écran de son ordi et confirma : « En effet, le 4x4 est sorti le 23 septembre à 10 h 10. Le nom du client est Ballestier, Antoine Ballestier. La voiture est rentrée le mardi 24 à 11 h 45 et la location a été réglée en espèces. »

— En espèces ?

— Oui, on n'aime pas trop ça mais il nous arrive d'accepter. De toute façon, le client avait effectué le dépôt de garantie par carte bancaire.

— J'aimerais parler à la personne qui s'en est occupée.

Nouveau coup d'œil sur l'écran :

— Le commercial, c'est Jérémie... monsieur Boulanger, je veux dire. Mais il n'est pas là. Il est en rendez-vous à l'extérieur. Vous pouvez parler au mécanicien si vous voulez ?

— C'est encore mieux.

Elle guida le lieutenant jusqu'au garage : « René, cria-t-elle, il y a un Monsieur de la police qui voudrait te parler. »

Comme ledit René continuait son travail comme si de rien n'était, les visites de policiers ne sont pas rares chez les loueurs de voitures, le lieutenant alla à sa rencontre. Circulant entre les véhicules, il remarqua un Range Rover nickel qui attendait gentiment qu'on s'intéresse à lui.

— Bonjour, Monsieur. C'est vous qui avez réceptionné le 4x4 au retour mardi dernier ?

Le mécanicien hocha la tête.

— On vous l'a rendu en bon état ?

— Correct.

— Vous n'avez rien remarqué de particulier, une bosse, des éraflures ?

— Ah non, y avait rien du tout. J'ai eu qu'à le nettoyer. Elles sont solides ces bagnoles-là, ce sont des tout-terrain. C'est conçu pour. Elle était impec.

— Comment ça, impec ? Vous pensez qu'elle avait été lavée ?

— Ah non, elle était normale pour une voiture qu'était sortie vingt-quatre heures. Juste un peu poussiéreuse.

— Elle avait du sable ?

— J'ai rien remarqué.

Tout en discutant, le lieutenant s'était rapproché du 4x4 en attente et l'examinait de près, avec une attention particulière pour le pare-chocs et les roues avant. Il est rentré comme il est là ? Vous avez rien réparé, vous êtes sûr ?

— Oui, je suis sûr. Mais c'est pas celui-là qu'a été loué la semaine dernière. Celui que vous voyez là, c'est un Range Rover Sport. Il vient d'arriver, il est même pas encore sorti. On en a deux maintenant, des 4x4, parce qu'ils sont très demandés.

— Vous pouvez me montrer l'autre, celui qui a été loué la semaine dernière ?

— Ah l'autre, il est déjà reparti. C'est comme je vous dis, tout le monde veut un 4x4 en ce moment, c'est la mode.

Déçu, le lieutenant retourna à la réception et la jeune femme dut se replonger dans son fichier :

— Le Range Rover Evoque a été reloué jeudi. Il est pas resté longtemps au garage.

— Reloué jusqu'à quand ? Quand est-ce qu'il rentre ? la pressa le lieutenant.

— Le 17 octobre. Les clients l'ont loué pour trois semaines, annonça la jeune femme, l'air navrée pour lui. Je m'en souviens très bien, c'était deux garçons, des Parisiens. Ils partaient faire un périple en Espagne. Ils projetaient de visiter le pays puis de passer quelques jours à Madrid pour visiter la ville et les musées. En tout cas, c'est ce qu'ils m'ont dit.

Chou blanc, conclut le lieutenant. Quand le 4x4 rentrera après avoir sillonné les routes d'Espagne pendant presque un mois, il n'y aura plus rien à en tirer. Même si on parvenait à prélever une particule de peau ou un peu de sang sur les pneus, on ne pourrait plus en déterminer l'ADN avec certitude ni par conséquent vérifier s'il matche avec celui du gars écrasé sur le sentier littoral. Tout ce qu'on risque de trouver, ce sont des traces de la veuve et du jeune Ballestier à l'intérieur, mais ça sera normal puisqu'ils ont utilisé le véhicule. Scarcelli va pas être content.

Les amies, c'est toujours bon, se disaient le capitaine et le lieutenant, repartis en binôme, en pénétrant dans le hall dallé de marbre du magnifique immeuble de la Croisette où Lupita Addington était allée consoler sa copine. Les amies proches, les « amies d'enfance », les « meilleures amies » finissent toujours, après quelques simagrées, par déballer quelque chose d'indiscret, on n'a pas besoin de les pousser beaucoup. Ils se dirigèrent vers le gardien, installé dans le hall même, à l'américaine, derrière un comptoir d'accueil.

— Nous aimerions rencontrer cette dame, dit le lieutenant en lui montrant un nom sur une page de son carnet. Vous pouvez nous annoncer, s'il vous plaît. Capitaine Scarcelli et le lieutenant Moreau.

— Marie-Elisabeth Lcroy-Beauchamp, lut le gardien à voix haute.

Il secoua la tête :

— Connais pas. J'ai personne de ce nom-là dans l'immeuble.

— Vous en êtes certain ?

— Nous n'avons que onze appartements. Je connais personnellement tous les propriétaires.

— Mais il se pourrait qu'un propriétaire ait invité ou prêté son appartement à quelqu'un, suggéra le capitaine. Une dame nommée Addington est venue voir la personne en question la semaine dernière, le lundi 23 exactement. Vous tenez un registre des visiteurs ?

— Comment vous avez dit qu'elle s'appelle, cette dame ? Vous pouvez répéter ? Ce nom me dit quelque chose…

Il consulta son ordi :

— C'est bien ça, Lupita Addington, je l'ai inscrite le 23 à 11 h 35. Vous avez de la chance parce que j'efface les noms tous les quinze jours. Mais c'est pas la personne que vous cherchez qu'elle est venue voir, c'est monsieur Paoli, Andria Paoli.

Les policiers échangèrent un regard surpris et intrigué. Origine corse, présuma le capitaine.

— Et c'est qui, ce monsieur Paoli ?

202

— Oh, quelqu'un de très bien. Un promoteur, le directeur de Paoli-Immobilier. C'est eux qui ont construit l'immeuble. Monsieur Paoli habite tout le dernier étage.

— Vous pouvez le prévenir ?

— Comme vous voudrez, mais je sais pas s'il sera là. D'habitude, il part de bonne heure pour son bureau, des fois bien avant que je prenne mon poste.

— Essayez tout de même, il n'est que neuf heures.

Le gardien décrocha son téléphone et annonça les visiteurs.

— Vous tombez bien, monsieur Paoli n'est pas encore parti. Il veut bien vous recevoir.

Il les conduisit jusqu'à un ascenseur qu'il déverrouilla à l'aide d'une carte-clé :

— C'est un ascenseur privé, dit-il, il monte directement au sixième étage.

Voilà comment vivent les riches, songeait Scarcelli, cadenassés dans leurs forteresses.

Ils débouchèrent à l'intérieur même de l'appartement, dans un hall d'entrée dallé de marbre comme au rez-de-chaussée, mais un marbre rose veiné de gris. En leur faisant traverser un salon rempli d'objets précieux, tableaux, bibelots, tapis de haute laine, meubles de palissandre et d'acajou verni (la caverne d'Ali Baba, un vrai paradis pour les voleurs), un domestique les conduisit à la terrasse où, installé devant une table ronde chargée d'argenterie et de porcelaine, le maître des lieux prenait son petit-déjeuner, enveloppé d'un arôme de café irrésistible. Il dut voir les narines des policiers palpiter car il les invita à s'asseoir et leur en fit servir une tasse. C'était un bonhomme d'aspect jovial, les rides du sourire inscrites dans sa peau bronzée, l'œil vif et légèrement ironique.

— Que me vaut le plaisir ?

Le capitaine prit la parole.

— Nous savons que vous avez reçu quelqu'un la semaine dernière, une personne nommée Lupita Addington. Nous voudrions savoir pourquoi.

— En effet, je l'ai vue lundi dernier. En même temps qu'Iris Desclozeaux, la directrice de l'agence immobilière. J'avais organisé cette petite réunion à trois pour parler d'une villa dont madame Addington est copropriétaire.

— Elle vous intéresse ?

— Plus ou moins. On envisage de l'acheter pour faire des appartements.

— Vous voulez dire que vous allez la démolir pour construire un immeuble ?

— Non, pas la démolir, on n'a pas le droit de construire, tout le littoral du Cap est protégé. Juste la réaménager en appartements.

Il présenta la corbeille de fruits aux policiers, qui refusèrent poliment, puis il reprit en se beurrant un toast :

— C'est une idée de Bruno de Gueydan, l'architecte d'intérieur qui a été chargé d'aménager le dernier étage de la villa, la partie dont madame Addington est propriétaire. C'est un type brillant, très dynamique, j'ai déjà travaillé plusieurs fois avec lui. Du coup, Gueydan, il s'est dit, tant qu'à faire pourquoi pas toute la maison. Pour lui, c'était plus intéressant, forcément : six ou sept appartements à aménager au lieu d'un. Et il m'a fait inviter à une fête, une espèce de vernissage pour que je me fasse une idée de l'endroit. Pour nous, c'est pas une grosse affaire, mais située comme est la maison, en bord de mer, sur presque un hectare de terrain, c'est tout de même un joli projet. Quelques appartements de luxe, avec piscine et courts de tennis, ça devrait partir comme des petits pains. Il soupira :

— Remarquez, nous, on aurait préféré tout raser et construire, mais puisque c'est interdit…

— Et les propriétaires sont d'accord ?

— Les indivisions, ça se passe rarement très bien, et au bout d'un moment les propriétaires indivisaires sont presque toujours partants pour en sortir quand on leur fait une offre intéressante. C'est justement de ça que nous avons parlé à notre petite réunion. Pour madame Addington, c'est réglé, elle s'était déjà entendue avec

Iris Desclozeaux, qui est son agent. Nous avons fait une offre très généreuse et elles pensent toutes les deux que le plus jeune frère sera trop heureux d'accepter. Quant à l'aîné, qui coince un peu, d'après Iris il ne devrait pas être trop difficile à convaincre.

— Il est mort, l'aîné, lui balança froidement le capitaine. Nos collègues de la brigade nautique ont trouvé son cadavre mercredi dernier, exactement deux jours après votre petite réunion. Il a été assassiné.

Le promoteur accueillit la nouvelle avec flegme :

— Ah bon ?

Il reposa son toast et s'essuya les lèvres :

— Et par qui ?

— C'est ce qu'on aimerait savoir. On l'a découvert près du sentier littoral, au pied de la côte rocheuse. Il a probablement été écrasé par un véhicule et son corps jeté à l'eau, mais il est resté accroché en bas.

— C'est affreux, commenta le promoteur.

— Vous n'étiez pas au courant ?

— Non, personne ne m'a parlé de ça. Je n'ai pas revu Iris ni madame Addington depuis notre réunion.

— C'est le deuxième assassinat dans la famille Ballestier en quelques semaines. La sœur avait été tuée à son domicile peu de temps avant.

Le promoteur émit un petit sifflement : « Eh bien dites donc... » – Mais il n'était pas homme à s'émouvoir d'un assassinat, ni même de deux : ce sont

206

des choses qui arrivent. Pince-sans-rire, il conclut :
C'est ce qui s'appelle une façon radicale de régler les
problèmes d'indivision.

Puis il se leva :

— Je vais vous demander de m'excuser, je dois
partir. J'ai un rendez-vous au bureau à dix heures et je
suis déjà en retard. Bien entendu, je reste à votre
disposition.

— Elle nous a raconté un bobard, l'Angliche, dit le
lieutenant Moreau quand les deux policiers eurent
regagné leur voiture. La visite à sa copine, c'était du
pipeau. Je me demande ce qu'elle magouille. Et t'as vu
comment Paoli a écourté la conversation ? Il devait pas
être à l'aise. Tu crois qu'il pourrait être impliqué dans
les assassinats ?

— Ça m'étonnerait, l'affaire n'est pas assez
importante, répondit Scarcelli avec un cynisme
inconscient. Et puis le patron d'une des plus grosses
sociétés de promotion de la région, aller se mouiller
dans des crimes sordides, quand même, c'est pas très
vraisemblable.

Médusé, le capitaine regardait la furie qui arpentait
son bureau comme une panthère en cage. Ce n'était

plus l'élégante et contrôlée Mrs Addington, la veuve distinguée d'un aristocrate anglais. Tout d'un coup, la petite Antiboise des quartiers populaires, la fille de la cuisinière, la môme du Midi, la *cagole* comme on dit à Marseille, réapparaissait : « Marre de marre... C'est la quatrième fois que vous m'emmerdez avec vos questions... D'abord Hélène et maintenant Philippe... Mais je le connaissais pas, moi, Philippe, j'étais la copine de son frère cadet. Philippe, il avait presque vingt ans de plus que moi... Et en plus, ça faisait dix ans que je l'avais pas vu ! Qu'est-ce que vous voulez que je vous dise ? Shit ! Fed up with that crap... Vous n'êtes qu'une bande d'incapables... Même pour Hélène, vous n'avez rien trouvé... Vous vous acharnez sur moi parce que vous pataugez... Shitty wankers... can't stand these fucking sneaks anylonger... » – vocables dont les policiers, malgré leurs sérieuses lacunes en anglais, devinèrent à l'intonation qu'ils n'étaient pas des plus flatteurs.

— Calmez-vous, Madame, lui ordonna le lieutenant Moreau, reprenez votre siège ou nous allons être obligés de vous placer en garde à vue.

— Ah oui ? Et pour quel motif ?

— Pour outrage et entrave au déroulement de l'enquête.

— Faites chier, lâcha encore Lupita.

Mais elle ne fut pas insensible à la menace et retourna s'asseoir sur sa chaise.

— J'en ai assez, dit-elle un ton au-dessous, je me demande ce que je fais là, je veux rentrer chez moi.

— Quand vous voudrez, dit Scarcelli. Mais dans ce cas, je vous demanderais de ne pas quitter Antibes. Et si vous êtes pressée de rentrer à Londres, vous avez tout intérêt à répondre à nos questions.

Lupita poussa un énorme soupir et réclama un verre d'eau.

— Ce qui me tracasse, voyez-vous, c'est que vous nous ayez menti l'autre jour, à la villa, au sujet de votre rendez-vous à Cannes. Cette histoire de visite à une amie inconsolable alors que c'est un promoteur, monsieur Paoli, que vous êtes allée voir.

— C'était parce qu'Antoine était là. C'est ce que je lui avais dit. Je ne pouvais pas me contredire devant lui.

— Et pourquoi lui aviez-vous menti ?

— Parce que je ne voulais pas lui dire que je songeais à vendre, c'était prématuré. Je n'étais même pas encore tout à fait décidée.

— Monsieur Paoli nous a dit le contraire. Il nous a dit que vous l'aviez invité au vernissage, à la demande de votre architecte. Donc, déjà à ce moment-là, vous étiez tous les trois d'accord.

— Mais pas du tout, c'est Gueydan qui avait ça en tête à ce moment-là, et il ne m'avait parlé de rien. Il

209

voulait d'abord voir si le promoteur était intéressé. Il m'avait seulement demandé s'il pouvait venir avec un ami. Et puis l'affaire avait dû plaire à Paoli parce que tout de suite après la fête, j'ai été contactée par Iris. C'est Paoli qui l'avait mise sur le coup pour qu'elle se charge des travaux d'approche et de la négociation. C'est moi qu'Iris avait contactée en premier, elle en a parlé aux frères plus tard.

— Pourquoi vous en premier ?

— Gueydan avait dû le lui conseiller, il me connaissait déjà, et puis j'étais forcément moins attachée à la villa que les frères. Ils ont dû penser que je serais plus facile à convaincre, ça leur faisait déjà une alliée dans la place.

— Et vous, vous avez tout de suite été d'accord pour revendre ce que vous veniez d'acheter ?

— L'offre était très intéressante.

— Vous n'avez pas besoin d'argent, pourtant.

— C'est pas la question.

— C'est quoi la question ?

Lupita resta muette. Comme si, à partir d'un certain chiffre, les affaires d'argent dépassaient l'entendement du pauvre flic mal payé qu'il était.

— Donc, le 23, vous avez rendez-vous chez le promoteur et vous demandez à Antoine de s'occuper de louer une voiture parce que votre taxi est en congé. Mais nous on a vérifié, on a téléphoné aux Taxis de la

210

Garoupe. Ce lundi-là, ils travaillaient comme d'habitude. Ça a même fait rire la patronne, elle nous a dit qu'ils n'avaient pas pris de vacances depuis trois ans ! Pourquoi vous avez inventé ça ?

— Pour rien. Une idée qui m'est passée par la tête. C'était une bonne excuse pour déranger Antoine dans son travail.

— Son travail ?

— Sa peinture.

— Alors ce jeune homme si serviable, vous lui mentez pour votre rendez-vous et vous lui mentez pour le taxi…

— Elle ment comme elle respire, dit Moreau.

— Et bien nous, vous voyez, votre histoire de taxi en congé, on ne croit pas que c'était une idée en l'air. Ce qu'on croit, c'est que vous aviez une bonne raison.

— Moi je la connais la raison, enchaîna Moreau, elle avait besoin d'un 4x4 pour commettre son crime.

Il vint se planter face à Lupita, la dominant de toute sa stature :

— Parce que c'est vous, Madame, qui avez assassiné Philippe Ballestier sur le sentier pendant son jogging. Mais pour ça, il vous fallait un véhicule costaud, un tout-terrain. Donc vous avez imaginé un prétexte pour envoyer votre petit ami…

— C'est pas mon petit ami.

— … En louer un. Le mardi matin, à l'aube, vous avez attendu que Philippe soit parti courir et vous avez sorti le 4x4 pendant que votre ami Antoine, qui était rentré tard la veille bien alcoolisé, dormait à poings fermés. Vous avez rattrapé Philippe sur le sentier et vous l'avez écrasé avec votre voiture, comme s'il s'agissait d'un accident. Vous êtes repassée dessus plusieurs fois pour vous assurer qu'il était bien mort puis vous l'avez traîné jusqu'au bord et vous l'avez fait basculer dans la mer. Pas de chance, il est resté coincé au pied de la paroi rocheuse.

— Pure invention, répliqua calmement Lupita. Vous vous êtes trompé de vocation, vous devriez écrire des romans.

— Ensuite, vous êtes revenue en marche arrière jusqu'à la villa, vous avez nettoyé le 4x4 et vous êtes remontée vous coucher.

— Pas facile, lui fit remarquer Lupita.

— Pas facile mais possible.

— Et pourquoi je me serais donné tout ce mal ? Je n'avais aucune raison d'en vouloir à Philippe. Même dans un roman elle tiendrait pas la route votre histoire, il n'y a pas de mobile.

— Le jour même, après avoir commis votre forfait, vous êtes partie pour une promenade en mer avec vos amis. Et qui est-ce qui avait loué le bateau, organisé la sortie ? C'est vous-même, on a vérifié. Vous aviez

212

réservé le bateau et prévenu vos invités la veille, l'après-midi où vous étiez soi-disant en train de courir les boutiques à Cannes. Une façon de mettre de la distance entre vous et votre crime.

— On était à la fin des vacances, j'ai réuni mes amis une dernière fois pour leur dire au revoir. Qu'est-ce que vous espérez démontrer avec ça ? La vérité, c'est que vous m'accusez sur des suppositions. Vous n'avez pas de preuve.

— On en a plein, des preuves. On a trouvé des traces appartenant à votre victime sur les pneus et sur le pare-choc du Range Rover. On a du sang, des cheveux, des fragments de peau…

Mais ce gros coup de bluff (possible parce que Lupita ignorait que le Range Rover était hors de portée de la police et donc qu'il n'avait pas pu être examiné) n'eut pas l'effet escompté. Lupita ne se troubla pas, ne se démonta pas. Il eut juste l'impression qu'elle serrait les dents.

— C'est pas vrai, autrement vous nous auriez déjà placés en garde à vue, moi et Antoine. C'est vous, le menteur.

Comme il cherchait quoi répondre, un coup de téléphone le tira d'affaire. « Le patron te demande », lui annonçait une collègue. Il raccrocha et se hâta de sortir du bureau.

Scarcelli laissa peser un long moment son regard sur son témoin, comme sur une pierre gravée d'un texte indéchiffrable.

— Quoi, encore ? s'agaça Lupita. Qu'est-ce que vous avez à me regarder comme ça ?

— C'est cette histoire de photo qui m'intrigue, la photo du dormeur dans le parc.

— Vous m'avez déjà interrogée là-dessus.

— Mais je n'ai toujours pas compris pourquoi vous l'avez prise et pourquoi vous ne l'avez pas montrée aux autres habitants de la villa.

— Je l'ai prise sans réfléchir. Ça m'arrive souvent de prendre une photo avec mon portable. Comme tout le monde. Puis je n'y ai plus pensé parce que c'était pas important. C'était juste un pauvre gars qui dormait dans un sac de couchage. Il n'y avait pas de raison d'inquiéter Hélène et Antoine pour si peu.

— Mais vous vous êtes empressée de nous la montrer à nous, pourquoi ?

— Mais… pour vous aider. Vous nous demandiez tout le temps si on se souvenait de quelque chose.

— Et bien moi je crois que c'était plutôt pour accréditer l'hypothèse d'un crime de rôdeur. Avec cette photo, vous aviez la preuve que des vagabonds s'introduisaient dans le parc de la villa. Ce qui laisse penser que vous projetiez déjà de vous débarrasser d'Hélène Ballestier à ce moment-là…

214

— Ah bon, parce que maintenant vous essayez de me mettre l'assassinat d'Hélène sur dos ?

— … Et peut-être même bien avant. Cette photo vous permettait d'orienter les recherches de la police sur un criminel de passage et elle aurait pesé lourd pour vous disculper devant un jury d'assises.

— Un jury d'assises, rien que ça ! Vous me voyez déjà menottes aux poignets !

— Ça pourrait bien arriver, en effet.

— Alors, selon vous, j'aurais tué Hélène avec la sculpture que je lui avais rapportée moi-même de Grèce ? Et, pendant qu'on y est, j'en avais déjà l'intention quand je l'ai achetée chez l'antiquaire ? Il faudrait que je sois vraiment machiavélique ! Et avec ça, toujours pas de mobile. C'est vraiment du pur délire cette enquête, de la fantasmagorie ! Vous aussi vous vous êtes trompé de vocation.

— Et s'interroger sur la mort de votre époux, sur son prétendu accident, répliqua Scarcelli piqué au vif, c'est aussi du délire ?

— Et de trois ! Me voilà tueuse en série à présent ! Je suis réellement l'incarnation du diable.

— Je me pose la question.

— Il y en a souvent des accidents sur la côte amalfitaine, et même des suicides. Les carabiniers d'Amalfi ont dit qu'ils n'avaient rien vu de suspect.

— Évidemment qu'ils n'ont rien vu ! Il n'y avait rien à voir ! Pousser quelqu'un du haut d'une falaise, en l'absence de témoin, tout le monde le sait, c'est le crime parfait. On peut tout de même observer que lorsqu'il y a des morts sur une côte rocheuse vous n'êtes jamais bien loin.

— Vos insinuations sont ridicules et blessantes. J'ai été très heureuse avec mon mari. C'était un homme délicat, adorable. Il ne me refusait jamais rien, on aurait dit qu'il voulait se faire pardonner d'avoir épousé une femme beaucoup plus jeune. Je l'aimais bien. Je n'avais aucune raison de me débarrasser de lui.

— La liberté…

— Quelle liberté ? Qu'est-ce que j'en fais de ma liberté ? Sans mon cher David, je ne suis pas libre, je suis seule.

Elle se leva :

— Ça suffit, j'en ai assez entendu. Je ne répondrai plus à vos questions. Je veux m'en aller.

— Allez-y. Personne ne vous en empêche.

— En Angleterre, je veux dire. Je veux rentrer chez moi.

Sans le moindre mobile, sans le plus petit commencement de preuve, Scarcelli savait qu'il ne pouvait pas la retenir plus longtemps.

— Vous êtes libre, prononça-t-il à regret.

5

Au sein du Tribunal de Nice, Margot Chevallier avait la réputation d'une juge compétente mais redoutable. Nul n'ignorait qu'elle avait des appuis en haut lieu. À l'apogée de sa beauté, autour de la trentaine, elle avait eu des relations amoureuses avec de jeunes gens de son âge dont deux ou trois occupaient à présent des postes permanents importants au ministère de la Justice et à l'Intérieur. De sorte que ses supérieurs immédiats prenaient des gants avec elle ou tout au moins lui fichaient une paix royale. En vingt-deux ans d'exercice, elle s'était trompée quelques fois, erreurs inévitables si l'on songe aux nombreux dossiers dont elle était accablée, mais qui, au fil du temps, s'étaient faites de plus en plus rares. Bref, on la considérait comme un bon juge et, à la différence de ses jeunes confrères, dont certains n'hésitaient pas à lui demander conseil, du moins à leurs débuts, elle-même avait une grande confiance dans son jugement.

À cause de son caractère exceptionnel, une sœur et un frère de très bonne famille, des membres en tous points respectables de la bourgeoisie parisienne assassinés d'une manière crapuleuse à quelques semaines d'intervalle, Margot Chevallier avait étudié avec une attention particulière le rapport transmis par les officiers de la police judiciaire et elle attendait avec une grande curiosité de rencontrer le témoin, le frère cadet, le seul survivant de la fratrie.

Il était huit heures du matin. Tout juste extrait de sa cellule après quarante-huit heures de garde à vue, le jeune Antoine Ballestier fut littéralement poussé dans son bureau par le capitaine Scarcelli. Pas lavé, pas peigné, la mine défaite, son élégant bronzage avait viré au gris, et très probablement affamé, il tenait à peine sur ses jambes. Un enfant tardif, estima Margot, arrivé comme un don du ciel, certainement couvé par sa mère et probablement par sa sœur aînée, un prétendu artiste sans véritable activité professionnelle, sans même quelques mois de service militaire pour l'aguerrir, et à la trentaine voilà le résultat : zéro endurance. Cependant, en dépit des conditions délibérément très rudes de sa garde à vue et de ses longues heures d'interrogatoire, il n'avait pas avoué. C'est en raison de l'extrême gravité du crime et des lourdes présomptions qui pesaient sur lui qu'il avait été finalement placé en garde à vue puis déféré devant elle. *Du* crime car, les affaires étant traitées une par une, le dossier qu'elle avait à instruire ne concernait que l'assassinat du frère aîné. De toute façon, les officiers de la PJ ne le croyaient pas coupable du premier assassinat, celui de sa sœur, et, après lecture de leur rapport, elle avait tendance à penser comme eux.

Les formalités préliminaires expédiées, Margot lui proposa un café, que la greffière alla chercher à la machine du couloir. Feignant de consulter son dossier, elle le laissa vider son gobelet, le temps qu'il reprenne ses esprits, puis elle attaqua par la bande : « Cette jeune femme, Isabelle Mourier, qui se fait appeler… euh… Lizzie, qu'est-ce qu'elle représente exactement pour vous ? »

— C'était la fiancée de mon frère. Lizzie est son nom de guerre, elle pose pour des photos de mode.

— Selon ce qu'elle a déclaré au capitaine Scarcelli, elle aurait également été votre maîtresse.

— C'est pas à moi qu'elle a parlé, rectifia le capitaine, c'est au lieutenant Moreau. Il a fait un aller et retour à Paris pour l'interroger.

— On est sortis ensemble en juillet dernier, ça n'a pas duré longtemps, dit Antoine.

— Mais à ce moment-là, elle était encore la maîtresse de votre frère ?

— Philippe l'appelait pas souvent, elle se sentait délaissée.

— Malgré tout, ils continuaient à se voir, elle n'avait pas rompu. Elle vous fréquentait donc tous les deux en même temps. Elle n'a pas froid aux yeux, cette jeune personne.

— C'est une gentille fille, une fille bien.

— Comme vous la défendez ! Vous éprouvez toujours un sentiment pour elle ?

— Non, c'est fini. Ça n'a pas duré, je vous dis. Au mois d'août, Lizzie est partie travailler aux Seychelles. À peu près au moment où Philippe partait pour le Japon.

— Vous êtes toujours en relation avec elle ?

— Pas du tout, j'ai plus aucun contact. Elle était déjà remontée à Paris quand mon frère a été… vous savez. Et c'est moi qui lui ai annoncé la nouvelle, il n'y avait personne d'autre. Elle ne m'a pas rappelé depuis.

— Elle a dit au lieutenant Moreau qu'elle ne voulait plus entendre parler de cette famille, confirma le capitaine. Deux assassinats coup sur coup… Il y a de quoi faire peur à une jeune femme.

— C'est donc en rentrant de leurs voyages respectifs, quand ils se sont revus, que votre frère a demandé à votre amie de l'épouser.

— Oui, après l'enterrement de ma sœur. Lizzie était venue, elle connaissait un peu Hélène. Philippe lui a demandé à ce moment-là.

— Et elle a dit oui, elle vous a laissé tomber. Ça n'a pas dû vous faire plaisir ?

Antoine secoua la tête avec découragement :

— Bof, fit-il.

— Pourtant vous, de votre côté, vous attendiez bien le retour de votre amie ? Vous espériez sûrement...

Elle s'interrompit. Un jeune avocat venait d'être introduit par la greffière. Il s'avança dans une envolée de robe noire, un dossier sous le bras, en bredouillant des excuses : circulation... gros embouteillage... maître Louis Berthet...

— Maître Berthet est commis d'office, dit le capitaine en se levant pour lui laisser sa chaise. Le témoin a refusé l'assistance d'un avocat pendant sa garde à vue.

Margot se tourna vers l'intéressé :

— Et pourquoi donc ?

— J'en connais pas, j'ai jamais eu affaire à la Justice.

Le capitaine se dirigeait vers la sortie :

— Excusez-moi, Madame le Juge, si vous n'avez plus besoin de moi...

— Vous pouvez y aller. Donc, monsieur Ballestier, reprit-elle, vous voilà qui attendez le retour de votre amie en espérant reprendre votre relation au point où vous l'avez laissée, et là, pas de chance, votre frère la demande en mariage. Vous avez dû beaucoup lui en vouloir ?

— Pas tant que ça, il l'avait connue avant moi. Et puis je venais d'enterrer ma sœur, j'étais sous le choc. Lizzie passait au second plan.

— Tout de même, un frère qui vous souffle une femme aimée... Un frère aîné brillant, un ingénieur, et qui réussit très bien dans les affaires, vous deviez en être un peu jaloux, c'est humain.

— Je n'enviais pas Philippe. Il m'avait même proposé de travailler avec lui et j'avais refusé. Les affaires, ça m'intéresse pas du tout.

— C'est vrai que vous n'avez pas l'air accro au travail, vous. Vous préférez que l'argent vous tombe tout cuit dans le bec.

Antoine évacua la vanne d'un haussement d'épaules.

— Et par-dessus le marché, il s'apprête à épouser votre copine. Vous avez dû vous sentir humilié. On peut en vouloir à quelqu'un pour un coup comme ça, on peut lui en vouloir à mort...

— Je n'ai pas tué mon frère. J'aurais jamais fait une chose pareille.

— Dans votre état normal, je veux bien le croire. Mais une grave déception amoureuse, ça peut bouleverser un homme, le déstabiliser. Vous êtes un artiste, monsieur Ballestier, quelqu'un de sensible, vous avez pu perdre pied... Ces drames ne sont pas

222

rares dans une cour de Justice et, en plaidant le crime passionnel, un jury pourrait se montrer clément.

Le témoin émit un soupir accablé :

— J'y suis pour rien, moi, dans tout ça. Ça fait deux jours que je me tue à le répéter mais personne veut m'écouter.

— C'est ce que nous verrons quand nous aurons examiné le Range Rover que vous avez loué et qui a très probablement servi à écraser votre frère. Location que vous avez réglée en espèces, soit dit en passant, évidemment pour dissimuler votre identité.

— C'était l'argent que m'avait remis Lupita. Mais j'ai réglé le dépôt de garantie avec ma carte de crédit. La location a bien été faite à mon nom.

— Il va bientôt revenir au garage, ce Range Rover, et croyez-moi il va être examiné à la loupe par la police scientifique.

— Ça veut pas dire qu'ils trouveront quelque chose.

— Pourquoi ? Vous l'avez soigneusement nettoyé ?

— Mais non ! J'ai rien fait du tout, moi ! J'ai juste loué le 4x4 à la demande de Lupita et je l'ai emmenée faire des courses à Cannes, c'est tout. Et après j'ai ramené la voiture chez le loueur. Même si vous trouvez du sang de Philippe dessus, ça voudra pas dire que c'est moi qui l'ai tué !

— Qui alors ? Votre amie Lupita ? Elle ne conduisait pas. C'est justement pour ça qu'elle vous avait demandé de l'emmener.

— Elle avait son permis.

— Vous insinuez que madame Addington pourrait être l'auteur de l'assassinat ?

— J'ai pas dit ça, j'insinue rien du tout, c'est vous qui avez parlé de Lupita.

— Et pour quelle raison cette dame aurait-elle assassiné votre frère ? continua Margot comme s'il n'avait rien dit. Vous avez une idée ? Il s'était passé quelque chose entre eux ? Ils ne s'entendaient pas ?

— Pas très bien. Je ne sais pas. Philippe ne l'aimait pas beaucoup. Je crois qu'après la mort d'Hélène, il avait l'intention de parler à la police d'un vol que Lupita avait commis à la villa quand elle était ado.

— Et pourquoi il voulait faire ça ?

— Je pense qu'il la soupçonnait d'être pour quelque chose dans l'assassinat d'Hélène. Tous les bijoux de ma sœur avaient disparu.

— Mais il ne l'a pas fait ?

— Je crois pas.

— Qu'est-ce qu'elle avait volé, votre petite copine ?

— Un pendentif en or appartenant à ma mère. Mais on n'en était même pas sûrs.

— Et vous pensez que ce serait suffisant pour qu'une jeune femme riche, indépendante, avec tout l'avenir devant elle, aille se compliquer la vie et mettre en jeu toute son existence en commettant un crime épouvantable ? Ce n'est pas bien, monsieur Ballestier, de charger votre amie, une amie qui vous a rendu un grand service si j'en crois le rapport de la police, ce n'est pas très élégant.

— Mais je ne charge personne ! Vous me faites dire ce que j'ai pas dit ! C'est vous qui faites exprès de m'embrouiller avec vos questions.

— Vous n'êtes pas forcé de répondre, intervint pour la première fois le jeune avocat.

— Non, Maître Berthet, riposta Margot, votre client n'est pas obligé de répondre. Mais, croyez-moi, ça vaut beaucoup mieux pour lui ! Et elle est où, maintenant, madame Addington ?

— En Angleterre, elle est rentrée chez elle.

— Avec elle, vous avez gardé le contact ?

— Plus ou moins. Mais elle ne m'a pas fait signe depuis son départ. Lupita a une vie mondaine, elle est sûrement très occupée.

— Eh bien si la police l'a laissée repartir, c'est bien la preuve qu'ils n'avaient pas de raison de la retenir. Il n'y avait pas de charges, même pas de présomptions contre elle. Tandis que vous, ajouta-t-elle en feuilletant ostensiblement les pages du dossier ouvert sur son bureau, vous voilà riche à présent. Avec le décès de votre frère et de votre sœur, vous héritez de la totalité des biens familiaux.

— Moins les droits de succession, Madame la Juge, fit observer maître Berthet.

— Madame *le* Juge, corrigea Margot. Il y a vingt-deux ans qu'on m'appelle comme ça, je n'ai pas subitement changé de genre... Tout de même, ces assassinats font de votre client un homme fortuné, un rentier. Il n'aura plus jamais besoin de travailler, lui qui n'a pas l'air d'aimer ça.

— La peinture est un travail comme un autre ! se récria Antoine.

— Mais vous n'en avez même pas fait votre métier ! Un amateur, un dilettante, voilà ce que vous êtes. Et quand on veut mener une vie de dilettante, il faut de l'argent, et il en faut beaucoup !

Son opinion était faite. Le témoin était un être immature, irresponsable, un enfant gâté, d'abord par sa mère, décédée quelques mois plus tôt, et sans doute par sa sœur aînée, image maternelle, disparue elle aussi peu de temps après, dans des circonstances tragiques. Brutalement privé de ses deux mamans, il avait perdu les pédales. Elle connaissait plusieurs cas similaires dans l'histoire judiciaire : des hommes fragiles, instables, qui se tenaient à peu près tranquilles tant que leur mère, ou une grand-mère, ou une grande sœur était là, et qui se transformaient en dangereux criminels

226

quand elle disparaissait et qu'ils se retrouvaient livrés à eux-mêmes, *orphelins*.

Elle écourta :

— En raison de la gravité des faits et des mobiles plus que suffisants qui vous ont poussé à commettre ce crime effroyable…

— J'ai rien fait, répéta Antoine pour la centième fois.

— … Je vous informe, monsieur Ballestier, que vous êtes dès à présent mis en examen.

— Mon client peut rentrer chez lui ? se hâta l'avocat. Il reste bien entendu à la disposition de la Justice.

Elle s'accorda un temps de réflexion. S'il était l'auteur – et elle n'était pas loin d'en avoir l'intime conviction –, son témoin N° 1 ne prendrait aucun risque. Il aurait vite fait de s'envoler avant qu'avec un peu de chance (de malchance pour lui) on ne décèle l'ADN de la victime sur les roues ou sur le pare-chocs du 4x4.

D'un geste définitif, elle referma le dossier.

— Je demande la détention provisoire, conclut-elle.

(Et elle pensait : *De toute façon, vivre un peu à la dure, ça ne lui fera pas de mal à ce trouduc.*)

— Un contrôle judiciaire ne serait-il pas suffisant ? Mon client n'a jamais été condamné.

— Je préfère attendre l'examen du 4x4. Nous verrons si les résultats de l'analyse scientifique

227

permettent de remettre votre client en liberté pendant la poursuite de l'enquête.

Épouvanté, encore incrédule, Antoine bondit sur ses pieds, manquant renverser sa chaise.

— Non mais c'est quoi ça ? Qu'est-ce qui se passe ici ? Qu'est-ce que ça veut dire ?

Il ne tarda pas à le savoir : deux gardes avaient fait irruption et lui tiraient énergiquement les bras en arrière. Il sentit le métal froid des menottes, une douleur vive aux poignets, puis ce fut le clic décisif du verrouillage. Antoine venait de basculer dans une autre vie, rythmée de bruits de serrures.

***

À Londres, la saison battait son plein. Galas de bienfaisance, premières au théâtre ou à l'opéra, dîners en ville, réceptions d'ambassade, cocktails, vernissages, chaque jour la boîte aux lettres de Lupita débordait d'invitations. Une jeune veuve, riche, élégante et jolie, évidemment les maîtresses de maison se l'arrachaient, elle était un atout à leur table. Un cœur à prendre, disaient-elles sottement. Lupita y répondait de son mieux. Il lui était même arrivé de courir d'une réception à l'autre pour ne pas contrarier une hôtesse susceptible. Quand on décline trop souvent, les gens ne vous invitent plus.

228

Aidée de sa femme de chambre, elle essayait la robe qu'elle devait porter le soir même, pour un gala organisé dans les salons du City Hall au profit d'une école pour enfants autistes. Pour cette soirée officielle, elle avait choisi un modèle d'Ederm, couturier très en vogue à Londres, fournisseur de la famille royale, dont elle aimait le style épuré : une robe fluide de satin crème, doucement évasée, sans autre ornement qu'un drapé léger au corsage. Sa robe ajustée, elle enfila des sandales du soir Jimmy Choo, achetées à New York, et passa dans le dressing attenant. Là, elle fit glisser le panneau dissimulant son coffre-fort, composa la combinaison et en retira un collier de rubis.

Revenue devant le grand miroir, elle remit le collier à sa femme de chambre qui l'attacha autour de son cou. Elle se tint un instant immobile pour juger de l'effet produit. Pas de doute, ça en jetait. Satisfaite de son image, elle se sourit à elle-même. À côté d'elle, un peu en retrait, le reflet de la femme de chambre approuvait en hochant la tête.

— Thank you, Surya. That will be all.

La domestique évanouie, avec ce don qu'ont les serviteurs asiatiques d'apparaître et de disparaître comme des sylphes, Lupita alla s'asseoir devant sa coiffeuse et plongea son regard dans la glace. Le collier, vraiment splendide, un double rang de diamants navettes d'où pendaient cinq rubis entourés de brillants, contrastait crânement avec la simplicité apparente de sa robe. C'était une création un peu ancienne, mais somptueuse, qui ne manquerait pas d'attirer l'attention. Certaines femmes à l'œil exercé, reconnaissant son style Art déco, en déduiraient sûrement que c'était un bijou de famille, appartenant à la cassette Addington, donc un cadeau de son défunt mari.

Un bijou de famille, c'en était un, en effet. Considérant qu'il avait été créé vers 1920, Lupita pensait qu'il avait dû appartenir à la mère d'Hélène, Irène, et sans doute à la mère de celle-ci, celle qui avait acheté la villa du Cap Gros. Une pièce de grand prix mais, pour Lupita, sa valeur était avant tout symbolique. Elle ne se lassait pas de contempler les cinq rubis taillés en poire, d'un rouge profond, qui luisaient sur son décolleté comme cinq gouttes du sang Ballestier.

Ce collier, c'était un trophée, une prise de guerre. Tout comme l'avait été le pendentif de Cartier qu'elle avait volé à Irène quand elle avait dix-sept ans et dont elle ne s'était jamais séparée. Le vol de ce bijou, la petite panthère en or aux yeux d'émeraude, qu'elle ne pouvait ni porter ni vendre, avait été son premier acte de révolte, la preuve qu'elle aussi avait un pouvoir, qu'elle n'était pas la gamine sans importance, la petite Cendrillon accueillie avec compassion par les uns, tolérée par les autres, dans un monde qui n'était pas le sien. Un acte vengeur tenu secret car elle n'avait même pas pu le montrer à sa mère, qui aurait poussé les hauts cris et l'aurait obligée à le restituer d'une manière ou d'une autre. Sa pauvre mère, résignée, soumise, qui ne savait que répéter « Il faut sé contenter dé cé qué Dieu nous donne » avec le fort accent espagnol qu'elle n'avait jamais réussi à perdre.

Autre sujet de satisfaction : la villa était vendue, elle allait être transformée en appartements. Elle conserverait son aspect extérieur, mais ce ne serait plus qu'une coque vide, elle aurait perdu son âme. L'intérieur serait démantelé. On abattrait les cloisons et les murs. Le grand salon du rez-de-chaussée serait détruit. Le salon, cadre de ses premières humiliations, où sa mère venait la chercher après son travail et qu'elle suivait en ravalant sa honte. Où, invitée par la mère d'Antoine à des fêtes enfantines, elle était en butte aux regards faussement apitoyés ou aux piques venimeuses des autres petites invitées, étalant devant elle leurs jolies robes. Où, plus tard, attiré par une autre fille, une fille de son milieu, son jeune amant l'avait laissée tomber comme une merde, sans un mot, comme si elle n'existait pas, la renvoyant brutalement à ce qu'elle était vraiment : une fille d'une classe sociale inférieure, à laquelle du coup plus personne n'adressait la parole, et qui n'avait plus rien à faire ici, qui n'était plus *à sa place*.

Le démantèlement, c'était mieux que rien, même si Lupita aurait préféré assister à une implosion, entendre la déflagration de la dynamite, voir les murs s'effondrer et s'abîmer sous un énorme nuage de poussière, puis se repaître du spectacle de ce qui restait du théâtre de ses mauvais souvenirs : un gros tas de cailloux.

N'empêche, la Maison Ballestier anéantie, corps et biens, Lupita était soulagée d'un grand poids.

Aujourd'hui, sa vengeance accomplie, et si habilement que ses crimes resteraient impunis, elle se sentait d'humeur joyeuse, et même provocatrice. Tout à l'heure, assise à la table du maire de Londres, la table d'honneur, elle se serait bien vue arborer le collier de rubis, son trophée, l'exposer aux yeux de tous, dans une insolente chiquenaude, un ultime pied de nez aux feus Ballestier. Son triomphe aurait été complet. Mais c'était une réception officielle, il y aurait des photographes, des images paraîtraient dans la presse et sur les réseaux sociaux. C'était trop risqué. À regret, elle se sépara du collier et retourna dans le dressing pour le remettre en place et en choisir un autre.

***

Albert Maurin, le patron de l'entreprise de bâtiment du même nom, se frottait les mains. Six appartements à construire au lieu d'un, c'était pour lui aussi une bonne affaire. Du travail pour plusieurs mois. On était à la fin octobre. Il fallait encore que les plans de Gueydan soient achevés et approuvés mais, si tout se passait bien, les travaux commenceraient début janvier. Paoli, le promoteur, souhaitait les mettre en vente dès septembre prochain. Il devrait pouvoir livrer à temps, ce n'était pas un chantier difficile.

Mais en attendant, il devait achever la tranche de travaux précédente, celle de l'appartement du dernier étage, qui avait été interrompue par l'une des propriétaires à cause du bruit. En réalité, il n'y avait plus grand-chose à faire, juste débarrasser les gravats qui avaient été laissés là, en principe jusqu'à la fin des vacances.

Le surlendemain, le maçon et son apprenti arrivèrent en camion-benne à la villa et installèrent le toboggan par lequel ils feraient dégringoler les gravats jusqu'à la plate-forme. Leur dispositif en place, chacun de son côté et en rythme, ils attaquèrent le pelletage.

À son troisième coup de pelle, l'apprenti, sur le point de déverser son contenu sur le toboggan, aperçut un objet qui jetait des feux au soleil. Il s'arrêta *in extremis* et l'isola des gravats : c'était une broche, genre diamants, à l'épingle de laquelle était accroché un petit lambeau de plastique blanc.

— Henri, regarde un peu ce que j'ai trouvé.

Son collègue prit la chose entre ses doigts : c'était une libellule faite d'un assemblage de petites pierres bleues et blanches, probablement des cristaux pour briller si fort. Sûrement, une broche fantaisie, un bijou sans valeur, autrement elle n'aurait pas été oubliée là, à cet étage qui servait depuis des années de débarras et où plus personne ne mettait les pieds. La villa étant inhabitée, il n'y avait personne à qui la rendre. Henri pensa à sa femme dont c'était bientôt l'anniversaire. La broche était jolie, très bien faite, il se dit qu'elle lui plairait. Il la débarrassa de son bout de plastique et la fit tomber dans la poche poitrine de sa chemise.

— Hé, ho, protesta l'apprenti, c'est moi qui l'ai trouvée.

— Rêve pas, c'est du toc, dit Henri. Je vais l'offrir à ma femme pour son anniversaire.

— Moi aussi je pourrais l'offrir à quelqu'un !

— T'as pas de femme, toi !

— J'ai une copine.

— Elle lui plairait pas à ta copine. C'est pas un bijou de jeune.

Il sortit un billet de sa poche :

— Vingt euros, ça te va ?

— C'est bon, dit l'apprenti en empochant le billet.

Et ils se remirent tous les deux au travail.

Tout en pelletant, Henri pensait à leur trouvaille, son esprit vagabondait. La broche ferait plaisir à Giselle, il en était sûr. Et lui, ça lui faisait un cadeau tout trouvé : il n'aurait pas à se casser la tête comme tous les ans à chercher quoi lui offrir. En plus, elle ne lui avait pas coûté cher. C'était tout bénef.

À qui elle avait pu appartenir, cette petite libellule ? Sûrement à une habitante de la maison, peut-être il y avait très longtemps. Si ça se trouve, elle traînait là depuis au moins cent ans. Ou alors elle était peut-être à la dame qui s'était pointée début août et qui avait fait arrêter les travaux, la copropriétaire. Elle l'avait peut-être perdue ce matin-là, quand elle était montée pour les engueuler à cause du bruit. Mais si c'était cette dame chic qui l'avait perdue, la broche avait peut-être de la valeur et du coup il ne pouvait pas la garder pour en faire cadeau à sa femme, ça serait du vol, ça serait grave. Lui, il était honnête, c'était pas son genre de piquer des trucs sur un chantier.

Et tout d'un coup, quelque chose lui revint en mémoire : il y avait eu un crime dans cette villa, une femme avait été assassinée, il se rappelait en avoir entendu parler chez Maurin, par une secrétaire de l'entreprise. C'était peut-être la dame qu'il avait vue, celle qui était venue se plaindre du bruit, ou une autre, il n'en savait rien. Tout ce qu'il savait, c'est qu'il ne

235

voulait pas être mêlé à une affaire d'assassinat. Il n'était pas question de garder un truc qui risquerait de lui causer les pires ennuis. Elle était brûlante, cette broche, gaffe. Il aurait été tout seul, il l'aurait balancée avec les gravats ou abandonnée dans un coin, rien que pour pas aller voir les flics qui allaient sûrement lui faire des emmerdements et lui poser des questions à n'en plus finir. Mais son apprenti l'avait vue, c'était même lui qui l'avait trouvée, et c'était un gamin, ce soir même il irait se vanter à sa copine de la bonne affaire qu'il avait faite pendant la journée.

Sa résolution prise, le maçon travailla toute la matinée puis, à midi, il fit une croix sur son déjeuner, descendit l'un des vélos embarqués sur le camion et se rendit tout droit au commissariat d'Antibes.

Le capitaine Scarcelli considérait l'objet que le commissaire Mariani venait de poser sur son bureau, n'osant croire à sa chance. Si cette broche faisait partie des bijoux volés à Hélène Ballestier, il tenait enfin une piste.

— Où l'avez-vous trouvée ? demanda-t-il à l'ouvrier maçon qui accompagnait le commissaire.

— C'est pas moi, c'est mon apprenti. Elle était dans un tas de gravats. Sur le chantier du dernier étage.

— La partie que madame Addington avait achetée, rappela le lieutenant Moreau au capitaine. Elle avait commencé les travaux d'aménagement.

— C'est ça, confirma le maçon, mais le chantier a été arrêté.

— Pourquoi donc ?

— On faisait trop de bruit.

— Il a été arrêté quand, ce chantier ?

— Début août, le 1er août je crois bien.

— Et à partir de là, plus personne n'est venu travailler au dernier étage ?

— Non, on vient juste de reprendre pour débarrasser les gravats.

— Il était où le tas de gravats où vous avez trouvé la broche ?

— Pas loin du palier. C'est pour ça que j'ai pensé que c'était la dame qui l'avait perdue.

— Quelle dame ?

— La propriétaire, celle qu'est venue se plaindre du bruit. Elle était restée à la porte.

— Alors cette dame perd sa broche à la porte et la broche va se cacher toute seule dans un tas de gravats ?

— Elle était peut-être tombée par terre, mais nous, avant de partir, on a donné un dernier coup de balai. On l'a peut-être balayée avec le reste sans faire attention.

— Il était quelle heure quand la dame est montée vous voir ?

— C'était le matin, on venait juste de commencer. Un peu après huit heures. Elle était furieuse parce qu'on l'avait réveillée.

— Elle était habillée comment ?

— Je m'en souviens pas.

— Et bien moi, je pense qu'elle était en peignoir. Vous la réveillez avec le bruit, elle se lève en colère et elle enfile un peignoir pour monter au deuxième étage.

— Logique, acquiesça Moreau.

— Et si elle était en peignoir, elle n'avait pas de broche. On ne met pas une broche sur un peignoir.

— J'avais pas pensé à ça, dit l'ouvrier maçon, un peu épaté. (Ces flics, quand même, ils en ont dans la tête.)

— Surtout une broche de valeur, souligna le commissaire.

— Vous pensez qu'elle a de la valeur ? l'interrogea Scarcelli, plein d'espoir.

— Il me semble que oui, on dirait que c'est du vrai, mais je ne m'y connais pas beaucoup en joaillerie.

— On aurait quelqu'un dans la maison qui s'y connaît en bijoux précieux ?

Le lieutenant Moreau leva le doigt :

— Moi, j'en offre un à ma femme tous les Noëls…

Il ponctua sa blague d'un rire un peu aigre, allusion à son maigre salaire.

— Vous pourriez la faire voir à un expert, suggéra le commissaire.

238

— Trop long.

Scarcelli se retourna vers Moreau :

— Va montrer ça au bijoutier de l'avenue Masséna en vitesse. À présent, reprit-il à l'intention du maçon, je vais vous demander de vous concentrer et de me raconter une nouvelle fois votre histoire en n'oubliant aucun détail. Réfléchissez bien, nous avons tout notre temps.

Docile, l'ouvrier recommença son récit (en omettant toutefois qu'il avait pensé offrir la trouvaille à sa femme ainsi que sa petite transaction avec son apprenti) puis un détail lui revint à l'esprit :

— Il y avait un bout de plastique blanc accroché à la broche.

— Il n'y est plus. Qu'est-ce que vous en avez fait ?

— Je l'ai jeté.

— Pourquoi vous l'avez jeté ?

— J'en sais rien, machinalement, c'était pas joli, ça faisait pas propre.

— Vous n'auriez pas dû. Ça pouvait être utile à l'enquête.

— J'y ai pas pensé ! se rebella l'ouvrier. Attendez, je suis pas flic, moi…

— Vous pourriez le retrouver ?

— Je crois pas, il a dû partir dans la benne.

— Elle a été vidée la benne ?

— Non, on a commencé de ce matin.

— Il était comment ce bout de plastique ?

— C'était un tout petit morceau, comme s'il avait été arraché à un sac, une poche en plastique blanc comme on nous en donne au marché. Il y avait juste un petit bout qu'était resté accroché à l'épingle.

Scarcelli réfléchissait : évidemment, on pouvait toujours fouiller la benne, il y avait des équipes formées à ce genre d'investigation, des gars capables de trouver une aiguille dans une botte de foin, mais à quoi bon ? Le lambeau de plastique ne pourrait pas être comparé et servir de preuve puisque le sac d'origine avait dû être jeté lui aussi, surtout s'il était déchiré. D'un autre côté, on pouvait croire le maçon sur parole, il n'avait aucune raison d'inventer cette histoire...

Moreau l'arracha à ses réflexions :

— C'est tout bon, cria-t-il, triomphant, en surgissant à la porte, c'est du vrai ! Le bijoutier a dit que c'était du très beau travail, probablement de la haute joaillerie.

À cette bonne nouvelle, Scarcelli se laissa aller lentement contre le dossier de son siège tandis qu'un sourire satisfait affleurait sur son visage sévère. *Je la tiens*, pensait-il.

— Tu sais ce que je crois, lui dit Moreau, vingt minutes plus tard, quand leurs visiteurs furent retournés à leurs affaires, je crois que la personne qui a assassiné Hélène Ballestier a volé ses bijoux pour faire croire à un crime de rôdeur, qu'elle les a fourrés dans un sac en

240

plastique et qu'elle est montée les planquer sous un tas de gravats au dernier étage. Et après, quand elle est allée les rechercher, elle a dû tirer le sac brusquement, elle devait pas avoir envie de traîner, et là le sac s'est déchiré contre le tranchant d'un débris et la broche en diamant est tombée.

— Bien vu, dit Scarcelli.

— C'était malin de cacher les bijoux dans la maison où ils avaient été volés.

— Pas tant que ça. C'est surtout que c'était plus simple et qu'elle devait faire vite. Ce qui était malin, c'est la petite mise en scène qu'elle a arrangée dans la cuisine après avoir tué Hélène au milieu de la nuit : le reste de la bouteille de vin vidé et le verre rincé sur l'évier, comme si un assassin de passage s'était servi puis avait lavé ses empreintes. Plus le tableau décroché et abandonné. Tout ça nous a fait perdre du temps. Elle est loin d'être bête, la veuve Addington.

— Parce que tu penses que c'est l'Angliche qui a tué Hélène Ballestier ?

— Oui. Et je pense que c'est elle aussi qui a assassiné Philippe Ballestier.

— Mais pourquoi ?

— Parce qu'elle craignait qu'il parle à la police, qu'il oriente les soupçons sur elle. Et alors la maison aurait été perquisitionnée à fond et on aurait trouvé les bijoux dans les gravats.

— Elle pouvait les changer de place, trouver une autre planque ailleurs que dans la maison.

— C'était risqué. Elle sc savait surveillée, par la police et par Philippe Ballestier, justement, qui la soupçonnait et observait ses moindres faits et gestes. Où ils en sont avec le Range Rover ?

— Ils sont dessus depuis huit jours. Ils ont trouvé plusieurs traces de sang dans les interstices des pneus. Sur une bagnole qu'a bourlingué pendant trois semaines sur les routes d'Espagne, c'est déjà de la chance. Mais ils n'arrivent pas à isoler assez d'ADN pour établir qu'il matche avec celui de la victime. Ils continuent les recherches mais ils disent que c'est pas gagné. Sérieux, tu crois vraiment qu'un petit bout de femme comme ça aurait pu conduire le 4x4 et écraser un bonhomme ?

— Il y a des petits bouts de femme de cinquante kilos qui grimpent au sommet de l'Himalaya ou qui franchissent les océans en solitaire.

— Et c'est elle qui s'est occupée de l'enterrement, tu te rends compte ! J'y étais, moi, à l'enterrement de Philippe Ballestier, j'étais allé voir comment ça se passait. Ils étaient que tous les deux, le frère cadet et elle. Après je suis passé au magasin de pompes funèbres et le croque-mort m'a dit que c'était elle qui avait tout organisé !

— Elle a payé l'enterrement ?

242

— Non, c'est le frère cadet. Le croque-mort m'a montré le chèque.

— Elle est où, maintenant, Addington ?

— En Angleterre. Tu l'as autorisée à repartir.

— Merde.

— Et ça va pas être facile de la faire revenir. Elle a la double nationalité, elle est anglaise par son mariage et les Anglais n'extradent pas leurs ressortissants.

— On n'en est pas là. Pour commencer, il nous faut la preuve qu'elle a tué Hélène Ballestier, et pour ça les Anglais peuvent peut-être nous aider. On a toujours les papiers saisis dans le secrétaire de la chambre d'Hélène ?

— Ils sont dans les scellés.

— Va me les chercher.

Une heure plus tard, le lieutenant réapparut, une grande boîte en carton dans les bras. Scarcelli souleva le couvercle. Au fond de la boîte, sous une pile de paperasses collectées un peu au hasard dans les tiroirs du secrétaire, se trouvait un dossier toilé portant l'inscription « Assurances ».

— Nous y voilà, dit-il en défaisant l'attache.

Le dossier contenait plusieurs contrats assez anciens de la compagnie Vendôme Assur, plus des reçus, dont le plus récent, correspondant au dernier versement, datait de 1996, ce qui suggérait que les parents d'Hélène avaient cessé de payer les primes depuis cette date, les jugeant sans doute trop élevées. Il y avait aussi quatre photos, épinglées chacune à un contrat : deux de montres d'homme, une Blancpain et une Chopard, estimées à un prix très élevé par la compagnie et qui avaient probablement appartenu au père ; une troisième d'une parure complète dans son écrin, collier, boucles d'oreille et bracelet en diamants et saphirs, dont le contrat d'assurance, signé par la grand-mère Solange, datait de 1953 ; et la quatrième : un collier de diamants et rubis qui suscita un sifflement admiratif de Moreau.

— Parfait, dit Scarcelli, c'est exactement ce qui me fallait.

Il rassembla les quatre photos et griffonna un email sur un post-it :

— Va les faire scanner et fais-les envoyer tout de suite à cette adresse.

Puis il composa le numéro du *chief inspector* Elton Smith, son homologue et ami d'outre-Manche avec lequel il collaborait à l'occasion, bons procédés officieux et réciproques qui leur permettaient de court-circuiter le labyrinthe administratif international.

— Hello, dear Elton. How are you ?

— Très bien, et vous-même ? Le soleil brille toujours au-dessus de votre tête, you lucky man ?

— Toujours. Et chez vous, quel temps fait-il ?

— Raining, as usual in autumn. Mais vous savez, nous autres Londoners, nous y sommes habitués, l'eau

244

ne nous fait pas peur… So, dear Leo, tell me, what can I do for you ?

**

Il pleuvait sur Londres. Depuis une semaine, la pluie tambourinait contre les fenêtres de Scotland Yard (celles, dépourvues de charme, de leurs nouveaux locaux car, après la vente à un émirat de leur magnifique bâtiment victorien de Westminster, les services avaient été transférés dans un immeuble moderne nettement moins évocateur). Un ciel de plomb recouvrait la ville dont les bureaux et les magasins étaient allumés du matin au soir.

Penchés sur l'écran d'un ordinateur, Elton Smith et l'*inspector* John Lyford, son adjoint, examinaient les images envoyées par le capitaine français. Des photos de bijoux sorties d'un dossier d'assurances, à ce qu'il avait dit. Le problème était simple : il s'agissait de s'assurer que Mrs Addington était en possession d'au moins un de ces bijoux.

Bien qu'ils ne l'aient jamais rencontrée, Mrs Addington n'était pas tout à fait une inconnue pour eux. Quelques semaines plus tôt, à la demande du capitaine, ils avaient pris quelques renseignements sur elle. Ils savaient déjà qu'elle était la veuve d'un aristocrate anglais et qu'elle habitait Kensington.

245

Lyford se mit en route à la recherche d'un complément d'information.

Il s'avéra que la dame en question vivait seule, aidée par deux domestiques. À la mort de son mari, survenue en Italie l'année précédente, elle avait donné congé à leur chauffeur et à leur cuisinier français. Elle avait gardé sa femme de chambre, Surya Valdez, une personne âgée de trente-huit ans, originaire des Philippines qui était auprès d'elle depuis plusieurs années, et engagé une sorte de valet-homme à tout faire, philippin lui aussi, présenté par sa femme de chambre.

Madame Valdez, célibataire et sans enfant, habitait un logement de deux pièces à Brick Lane, le quartier indien. Six jours par semaine, elle prenait son service à Kensington Avenue à huit heures du matin et quittait l'appartement à six heures trente.

Estimant ces nouveaux renseignements suffisants, l'inspecteur Lyford regagna son bureau.

Peu de temps après, en rentrant de son travail, Surya Valdez trouva dans son courrier une lettre à l'en-tête de Scotland Yard. Le cœur battant, craignant des difficultés avec son permis de séjour, elle ouvrit l'enveloppe. C'était bien une convocation de la police, pour le surlendemain à vingt heures, mais sans indication de motif. Et elle se terminait par deux lignes mystérieuses lui enjoignant de ne parler de cette convocation à personne. L'heure fixée, vingt heures, elle aussi très inhabituelle pour un rendez-vous dans un service administratif, renforçait le mystère. Spectatrice assidue de séries télévisées, Surya s'imagina aussitôt mêlée à une enquête policière – ce en quoi elle n'avait pas tort.

Au jour dit, l'*inspector-chief* Smith vit entrer une petite femme digne à la coiffure stricte, cheveux tirés et chignon, mais élégamment vêtue. Après avoir examiné ses papiers, carte de séjour et permis de travail compris, il commença :

— Je vous remercie d'être venue à ce rendez-vous tardif, mais notre conversation doit rester strictement confidentielle.

Surya hocha la tête.

— Personne, absolument personne ne doit être informé de notre rencontre.

Nouvel acquiescement muet.

— Nous allons vous montrer certains objets, continua-t-il pendant que son adjoint allumait un ordinateur, et vous devrez nous dire si vous les reconnaissez.

Il entraîna sa visiteuse et la fit asseoir face à l'écran.

Les photos de deux montres d'homme apparurent en premier et Surya secoua négativement la tête.

— Vous ne reconnaissez pas ces montres ?

— Non, je ne les ai jamais vues.

Arriva une troisième photo.

— Celui-là, je le reconnais, c'est le collier de rubis de madame Lupita.

— Vous en êtes certaine ?

— Absolument. Je lui ai attaché moi-même la semaine dernière pour le gala de bienfaisance du City Hall.

— Vous voulez dire qu'elle l'a porté ce soir-là ? lui demanda Smith, estomaqué.

— Je ne sais pas. J'étais déjà partie quand elle est sortie. En tout cas, il allait bien avec sa robe. Qu'est-ce qui se passe, vous pensez que quelqu'un a vendu des bijoux volés à ma patronne ?

— On ne sait pas encore, éluda Lyford en appelant la quatrième photo : la parure de saphirs et diamants.

— Jamais vu, déclara Surya.

Mais elle se ravisa :

— Attendez… sauf les boucles d'oreille.

— Ce n'est pas grand, des boucles d'oreille, dit Lyford. Vous êtes sûre que c'est bien celles-là que vous avez vues ?

— Oui. Je m'en souviens très bien. Madame Lupita les avait mises avec une robe noire pour aller dîner avec des amis.

— Votre patronne ne possède pas d'autres boucles en saphirs et diamants ?

— Si, mais ce sont des pendants d'oreille. Celles que vous me montrez, ce sont des clips.

— Elle n'avait pas mis toute la parure ?

— Non, le reste, je l'ai jamais vu. Madame Lupita dit que ça ne se fait plus de porter toute la panoplie.

— Vous vous y connaissez en bijoux ?

— Je suis femme de chambre, répondit Surya, vexée. Je sais faire la différence entre les bijoux.

— Vous êtes bien vêtue, remarqua Smith.

— Je travaille soixante-trois heures par semaine. Alors oui, j'ai les moyens de m'habiller correctement. Et madame Lupita me donne de temps en temps des vêtements qu'elle ne porte plus. Nous avons à peu près la même taille.

— Elle est gentille, madame Lupita ?

— Ça dépend. Des fois, elle est très gentille et des fois non. Elle peut être très blessante.

— Et vous la supportez ?

— Je mets de l'argent de côté. J'ai l'intention de rentrer à Manille et d'ouvrir une boutique de mode.

— Quand pensez-vous rentrer chez vous ?

— D'ici trois ou quatre ans j'aurai ce qu'il faut.

Le policier songea qu'elle pourrait bien rentrer aux Philippines plus vite que prévu.

— Votre patronne s'entendait bien avec son mari ?

— Je ne sais pas. Ils ne se disputaient pas devant les domestiques.

— Mais ils se disputaient ?

— J'ai pas dit ça. Non, je ne crois pas. Je pense qu'ils s'entendaient. M. David était un homme bon, un homme très patient. C'est une grande perte pour madame Lupita.

— Elle a eu de la peine quand il est mort ?

— Elle a pleuré pendant huit jours. Et après elle avait changé, elle était agitée, elle piquait des colères pour un rien.

— Vous parlez bien l'anglais, la complimenta Smith.

— Ça fait quinze ans que je vis à Londres. Et je le parlais déjà un peu dans mon pays.

— Vous êtes depuis quand dans votre poste actuel ?

— Six ans.

— Ce collier de rubis et ces clips en saphir, vous les aviez déjà vus sur votre patronne ?

— Non, ils étaient nouveaux. C'était la première fois qu'elle les portait. C'était juste après son retour de vacances alors j'ai pensé qu'elle les avait achetés dans une vente aux enchères sur la Rivera française. Elle y avait passé presque tout l'été.

— Elle les garde où, ces magnifiques bijoux ?

— Dans le coffre-fort du dressing. Il est encastré dans le mur et caché derrière un panneau. Mais ce n'est jamais moi qui l'ouvre, je n'ai pas la combinaison.

— Vous connaissez la marque du coffre ?

— Ça oui. J'étais là quand les installateurs sont venus. J'avais aidé à débarrasser la penderie. C'est un Hartmann.

Satisfaits, les deux policiers échangèrent un sourire entendu.

— Je vous remercie, madame Valdez, vous nous avez été très utile. Vous pouvez rentrer chez vous.

Surya ne bougea pas. Elle fixait avec anxiété sa carte de séjour et ses autres papiers qui semblaient avoir été oubliés sur le bureau.

Smith rassembla les documents : « Rappelez-vous bien, madame Valdez, pas un mot à quiconque ou vous feriez le plus grand tort à l'enquête. » – Et il les lui rendit en les agitant d'une manière explicite.

***

Le capitaine Scarcelli avait un esprit logique. Une chose qu'il détestait par-dessus tout c'était être confronté à une situation absurde. Et pour le coup, il était en plein dedans.

Son ami Elton lui avait transmis des renseignements précieux et le capitaine était sûr à présent que la veuve

251

Addington avait tué Hélène Ballestier et qu'elle détenait ses bijoux mais, s'il en avait la certitude, il n'en avait pas la preuve. La preuve *matérielle*, c'est-à-dire les bijoux eux-mêmes, se trouvait à l'intérieur de son coffre. Elton lui avait rendu, très officieusement, un immense service. Mais il n'irait pas plus loin. Pour perquisitionner l'appartement de Kensington et faire ouvrir le coffre, il lui fallait un mandat de la justice anglaise. Et pour que la justice anglaise délivre le mandat, le capitaine devait lui fournir la preuve que Lupita Addington avait assassiné une citoyenne française sur le territoire français, laquelle preuve se trouvait à l'intérieur du coffre. – Un cercle vicieux.

Quand bien même la justice anglaise aurait accepté de l'aider, l'affaire aurait pris plusieurs mois, Lupita aurait eu tout le temps de réfléchir et, le premier moment d'amusement passé, de se rendre compte qu'il n'était pas prudent de conserver chez elle les bijoux de sa victime et elle les aurait cachés dans le coffre d'une banque d'un lointain paradis fiscal. La perquisition n'aurait rien donné et il aurait eu l'air d'un parfait imbécile.

Dans sa carrière déjà longue, le capitaine avait eu affaire aux services policiers et aux services judiciaires de nombreux pays (la Côte d'Azur est une plaque tournante de la criminalité internationale) et, il pouvait en témoigner, dans ces domaines les nations n'avaient rien à s'envier entre elles. Partout, c'était la lourdeur, l'immobilisme, les méandres kafkaïens, aggravés par les difficultés de communication dans des langues étrangères et les malentendus qui en découlaient, comme si l'inertie et l'absurdité étaient inhérentes à toute organisation bureaucratique d'envergure. Et Internet n'y avait pas changé grand-chose : les documents étaient transmis plus vite mais pas plus vite traités.

La seule façon de se sortir de là était de faire avouer Lupita. Il fallait donc trouver le moyen de la faire revenir en France. Et la première tentative devait être la bonne. Si on y revenait à deux fois, elle se méfierait et elle ne mettrait plus jamais les pieds sur le sol français.

Le capitaine y passa quelques nuits blanches, imaginant différents prétextes : une invitation pour une soirée prestigieuse quelque part sur la Côte, ou mieux, à Paris, pour un défilé de haute couture, ou encore une réception d'ambassade, une première à l'Opéra... – autant de possibilités qu'il éliminait l'une après l'autre : trop compliquées à mettre en œuvre et qui intrigueraient l'intéressée, elle ne manquerait pas de se demander d'où ça venait.

Il en était là quand, un beau matin, alors qu'il attendait Moreau au rez-de-chaussée de la PJ en regardant le tableau d'affichage pour passer le temps, son attention fut attirée par une annonce : une jeune recrue du service recherchait un logement. Ce fut comme une illumination ! La solution était là, aveuglante dans sa simplicité. Une invitation inattendue pouvait éveiller la méfiance de madame Addington. Mais une agence immobilière qui contacte une riche cliente pour lui proposer un appartement luxueux, quoi de plus normal ?

Le capitaine n'était pas profileur, et encore moins psy, mais il n'était pas besoin d'avoir fait de longues études pour deviner des tendances paranoïaques chez Lupita Addington. Et si c'était le cas, si l'impunité dont elle avait bénéficié jusqu'ici lui était montée à la tête, si elle se croyait plus forte que la police, plus maligne que tout le monde, inatteignable (état mental qui s'accompagne généralement d'un goût marqué pour la provocation), elle ferait un saut sur la Côte et le capitaine n'aurait plus qu'à la cueillir comme une fleur.

Lupita venait de sortir de son bain et s'enveloppait dans un épais et moelleux peignoir éponge, quand elle reçut un appel d'Iris Desclozeaux. Celle-ci avait une affaire splendide à lui proposer : un appartement à Cannes, sur la Croisette, dans l'immeuble même où elles étaient allées voir le promoteur Paoli. L'appartement se trouvait au cinquième étage, juste en dessous du sien. La sécurité était absolue et elle serait entre amis. Deux cents mètres carrés, terrasse, marbre de Carrare… Iris avait immédiatement pensé à Lupita tant le bien semblait avoir été créé pour elle : un appartement d'exception pour une femme d'exception (les agents immobiliers ne sont pas avares de flatteries avec leurs clients fortunés). Mais il fallait faire vite, le vendeur était pressé. Il s'agissait d'un très célèbre acteur français qui se trouvait justement à Cannes ces jours-ci et qu'elle aurait l'occasion de lui présenter.

L'offre était irrésistible.

Trois jours plus tard, à 9 h 18 précises, c'était le 6 novembre – une date que Scarcelli n'était pas près d'oublier –, un Airbus A320 de la British Airways atterrit à l'aéroport de Nice. Mrs Addington apparut en haut de la passerelle, vêtue d'un manteau de lainage gris clair à parements de zibeline, sa magnifique chevelure noire délicatement soulevée par un souffle de brise marine. Telle une star, elle s'attarda un instant dans cette position dominante, cherchant des yeux Iris qui l'attendait sur le tarmac en lui faisant de grands signes. Puis elle entreprit la descente.

Tout se passa très vite. Les passagers qui avaient voyagé en première classe avec cette femme si élégante et si raffinée eurent à peine le temps de s'étonner. Dès qu'elle eut posé le pied sur le sol français, deux solides gaillards surgirent à ses côtés et la menottèrent. Elle protesta, criant bien haut que c'était une erreur, tenta de se débattre et refusa d'avancer. Ses gardes durent presque la porter pour l'entraîner jusqu'à leur voiture. Bien entendu, Iris Desclozeaux avait disparu.

Conduite *manu militari* devant le capitaine, Lupita recommença à s'agiter. Elle se mit à hurler : « Vous n'avez pas le droit... Je suis une citoyenne britannique, vous n'avez pas le droit ! J'ai de hautes relations et vous allez le payer très cher ! ».

Air connu. Ces menaces à la fois arrogantes et pathétiques glissaient sur Scarcelli comme une coulée d'eau claire.

— Ah, madame Addington, lui répondit-il avec une douce ironie, quel plaisir de vous revoir ! J'espère que vous avez fait bon voyage ?

Et il la plaça aussitôt en garde à vue où il la laissa mijoter vingt-quatre heures sans l'interroger.

Au matin, un garde vint informer la prisonnière qu'elle avait le droit de se faire assister par un avocat et la conduisit jusqu'à un téléphone mural. Lupita forma le numéro d'un service de renseignement et demanda le cabinet d'un grand avocat niçois dont elle avait le nom en mémoire.

Après lui avoir posé quelques questions, une secrétaire la fit attendre un instant. « Maître Dupuy-Vasseur n'est pas disponible pour le moment, dit-elle en reprenant l'appareil, mais on vous envoie quelqu'un immédiatement. »

Maître Jean-Louis Deschamps, un collaborateur chevronné du cabinet, se présenta à la PJ un quart d'heure plus tard et obtint, comme c'était leur droit, de s'entretenir un moment en particulier avec sa cliente.

L'entrevue terminée, il repassa par le bureau du capitaine :

— Madame Addington me dit qu'elle ne sait pas ce qu'elle fait ici. Elle pense qu'elle a été arrêtée à la place de quelqu'un d'autre et craint qu'on ne lui mette des faits très graves sur le dos. De quoi s'agit-il au juste ?

Scarcelli n'aimait pas trop les avocats, dont la profession semblait avoir été créée tout exprès pour lui mettre des bâtons dans les roues. Il le renseigna succinctement :

— Un assassinat, peut-être deux. Vous avez tout le temps de consulter le dossier. La comparution devant le juge d'instruction est à 14 heures.

— Déjà ?

— Urgence judiciaire. Nous avons le feu vert du procureur.

À 13 h 50, Lupita apparut au tribunal entre deux gardes. Son avocat et le capitaine étaient déjà là, ils patientaient dans le couloir devant la porte de Margot

257

Chevallier, la juge d'instruction chargée de l'affaire. Maître Deschamps eut le temps de chuchoter à sa cliente : « Pas de panique, le dossier est vide. Ils n'ont rien de solide contre vous, que des présomptions. Ce soir, vous dormez chez vous. Mais surtout, arrangez-vous pour parler le moins possible. Moins vous en direz, mieux ce sera. »

À l'heure juste, la greffière ouvrit la porte et Margot Chevallier vit venir vers elle une petite jeune femme fatiguée, dans un manteau froissé parce qu'elle s'en était servi comme oreiller sur le banc où elle avait passé la nuit. Comme on ne lui avait rien laissé qui pût servir de lien, elle avait noué ses cheveux en queue de cheval avec l'une de ses propres mèches. Pas maquillée, le teint terne, elle avait déjà un peu l'air d'une taularde. Aucun rapport avec la jeune veuve fortunée et sûre d'elle que Margot s'attendait à voir. Elle avait beaucoup entendu parler d'elle mais, jusqu'ici, les enquêteurs n'avaient jamais eu de raison suffisante pour la déférer devant un juge d'instruction. Ce qui laissait Margot perplexe. On lui avait parlé d'un « fait nouveau », d'une manière assez énigmatique. Il fallait l'espérer, car pour le moment elle n'était pas loin de partager l'avis de l'avocat : il n'y avait que des présomptions dans le dossier. Aucune preuve que la personne qui était devant elle avait assassiné Hélène Ballestier – et toujours pas de mobile.

Elle invita tout le monde à s'asseoir et commença à résumer les faits d'une voix monocorde. De temps en temps, elle arrêtait sa lecture et posait une question à son témoin pour lui faire confirmer un détail. Comme son avocat le lui avait recommandé, Lupita répondait par monosyllabes ou par des signes de tête, le plus souvent négatifs. C'était l'heure de la sieste. Sous l'effet de ce ronronnement soporifique, l'assistance s'assoupissait.

Tout à coup, la porte du cabinet s'ouvrit à la volée et le lieutenant Moreau fit une entrée digne d'une scène de boulevard, en brandissant une clé USB :

— Ça y est, annonça-t-il d'une voix tonnante, Scotland Yard nous a envoyé la preuve ! Excusez-moi, Madame le Juge...

Il marcha droit sur le bureau de la greffière introduisit d'autorité la clé dans son ordinateur et retourna le moniteur afin que toutes les personnes présentes puissent voir ce qui se passait sur l'écran : Nos collègues de Scotland Yard ont interrogé Surya Valdez, la femme de chambre, et ils ont fait ouvrir le coffre de madame Addington, un Hartmann, pas facile à forcer même pour le fabricant, commentait-il tout en faisant défiler les photos des bijoux sur l'écran : le collier de rubis, la parure de saphirs, les montres de grand prix... Ce que vous voyez là, ce sont les bijoux de la victime, les bijoux de famille des Ballestier ! Et il y en a d'autres, une sacrée quincaille, les Anglais sont en train de les photographier...

Lupita était devenue très pâle. Elle qui se tenait comme à son habitude très droite, presque raide, elle s'était affaissée, comme écrasée par une immense fatigue. Sa tête était retombée, ses mains reposaient sur ses cuisses, paumes en l'air. Toute son attitude exprimait le renoncement. – Elle était loin de se douter que les images qu'elle avait sous les yeux étaient tout bêtement les scans des photos que les enquêteurs de la PJ avaient trouvées dans le secrétaire d'Hélène, celles qui étaient attachées aux anciens contrats d'assurance.

En professionnel aguerri, maître Deschamps réagit aussitôt :

— Le fait qu'on ait trouvé les bijoux de la victime chez ma cliente ne prouve pas qu'elle a tué leur propriétaire.

— Gardez votre argumentation pour le jury d'assises, lui intima Margot. Personnellement, elle me laisse froide.

Mais soudain, la voix de Lupita s'éleva, très posée et très claire :

— Laissez, Maître, inutile d'insister. C'est bien moi qui ai tué Hélène.

Un silence de plomb s'abattit sur l'assemblée. Cet aveu terrible prononcé sur un ton tranquille redonnait

260

une réalité concrète à l'assassinat. Chacun se le représentait dans toute son horreur.

— Qu'est-ce que vous dites ? lui fit répéter Margot. Vous reconnaissez avoir tué Hélène Ballestier ?

— Oui, c'est bien ce que j'ai dit.

— Pour quelle raison ?

— Oh, c'est une longue histoire…

Lupita s'était reprise. D'une voix égale, sans jamais s'emporter, elle évoqua son enfance et son adolescence à la lisière de cette famille, tour à tour acceptée, temporairement, puis rejetée, les humiliations qu'elle avait dû subir, sans s'en plaindre à personne, pas même à sa mère, car on a honte des humiliations que les autres nous infligent, on les garde pour soi. Et, à sa façon déterminée et limpide de s'exprimer, on sentait que, si elle n'avait jamais cessé d'y penser, c'était bien la première fois qu'elle en parlait.

Puis elle en arriva à la rencontre, quelques mois plus tôt, d'Antoine – le seul ami qu'elle ait jamais eu dans la famille, le seul qui se soit intéressé à elle – alors qu'elle était descendue sur la Côte pour y chercher un pied-à-terre et comment, pour lui rendre service, apprenant qu'il avait des ennuis d'argent, elle lui avait racheté sa part de la villa.

— Pendant tout le mois d'août, continua Lupita, j'ai fait tout ce qu'il fallait pour me faire admettre par

Hélène, pour me rendre agréable, mais l'atmosphère était tendue, il y avait de la lourdeur dans l'air.

— Eh bien, objecta Margot, si l'atmosphère était tendue, si vous sentiez un malaise, pourquoi êtes-vous restée tout un mois à la villa ?

— Comme ça. Je revenais d'une croisière et je n'avais rien de mieux à faire. Et ça me plaisait d'être là de plein droit, au même titre que les autres, en qualité de copropriétaire. Plus personne ne pouvait dire que je n'étais pas à ma place. Et puis Antoine nous a rejointes assez vite, il apportait de l'animation, de la gaieté. D'ailleurs, ce n'était pas intenable avec Hélène, nous avions des rapports polis, nous faisions des efforts, je me disais que les choses allaient s'arranger…

— Vous vous donnez le beau rôle, la recadra vertement Margot. À vous entendre, on croirait que vous n'aviez que de bonnes intentions !

— Hélène était insomniaque. Quand j'avais moi-même du mal à dormir à cause de la chaleur et que je descendais au milieu de la nuit, je la trouvais parfois dans la cuisine en train de grignoter quelque chose. Nous bavardions un moment. On ne se faisait pas vraiment de confidences, la plupart du temps on parlait d'un événement de l'actualité ou de ce qu'on allait faire à manger le lendemain. Ce genre de choses. On buvait un verre de vin ou Hélène nous préparait une tisane et puis on remontait se coucher. Depuis quelques jours, depuis le vernissage d'Antoine, l'humeur d'Hélène s'était assombrie, et je m'étais dit que quelque chose l'avait contrariée et que ça lui passerait. Mais cette nuit-là, quand je suis arrivée en bas, j'ai tout de suite senti que c'était plus sérieux. Hélène semblait préoccupée, elle mangeait son gâteau de riz en silence. J'avais l'impression qu'elle avait quelque chose à me dire mais qu'elle ne savait pas par quel bout commencer. Et brusquement, elle s'est jetée à l'eau et elle m'a demandé si je serais d'accord pour revendre ma part de la villa. J'ai répondu que non, que je venais de l'acheter. Mais elle a continué comme si elle n'avait pas entendu. Elle m'a dit qu'elle n'avait jamais voulu de cette vente, qu'elle pensait que c'était une erreur d'introduire sous leur toit une personne étrangère à la famille et qu'on lui avait forcé la main. Bref, Philippe et elle étaient prêts à me racheter ma part, quitte à faire un emprunt bancaire. La villa était une maison de famille et elle devait le rester. Sur un ton doucereux, elle a ajouté que, moi-même, je devais bien sentir que je n'y étais pas à ma place, que c'était une question de tact. Et puis elle a dit : *S'il vous plaît, partez, Lupita, laissez-nous tranquilles mes frères et moi, allez-vous-en, ce sera mieux pour tout le monde.* Ça m'a fait comme un coup de couteau en plein cœur : une douleur physique très violente, à se plier en deux. On me rejetait une fois de plus. Je me suis levée sans rien dire et en

263

repassant dans l'office, sans réfléchir, j'ai attrapé la sculpture qui était posée au bout du buffet, à la portée de ma main, et je l'ai assénée sur la tête d'Hélène qui s'est affalée sur sa chaise. J'ai frappé une deuxième fois et Hélène est tombée.

— La sculpture dont vous lui aviez fait cadeau, souligna Margot.

— Il n'y a pas eu préméditation, releva l'avocat. Il s'agit là d'une arme par destination.

— Elle devait bien avoir une idée derrière la tête quand elle a pris la photo du routard dans le parc, objecta le capitaine. Elle s'était dit que ça pourrait toujours servir.

— Pure supposition ! Ça ne prouve pas la préméditation.

— Qu'est-ce que vous avez fait ensuite ?

— Je ne sais plus, Madame le Juge. J'étais… vidée. Je crois que j'ai dormi quelques minutes. Et puis quand je me suis réveillée, je me suis rendu compte de ce que j'avais fait et j'ai cherché le moyen de me sortir de là. Je me suis rappelé que la porte de l'office n'était jamais fermée à clé et j'ai eu l'idée d'un crime de rôdeur. J'ai vidé le reste la bouteille de vin dans l'évier pour faire croire que l'assassin l'avait bu, j'ai rincé le verre d'Hélène et je l'ai laissé sur l'égouttoir. Il ne me restait plus qu'à simuler un vol. J'ai décroché un tableau du salon et je l'ai abandonné sur la commode, comme si le

264

voleur avait renoncé, puis je suis montée dans la chambre d'Hélène, j'ai mis tous les bijoux que j'ai pu trouver dans un sac en plastique et je suis allée les cacher tout en haut, dans mon propre appartement, sous les gravats. C'était la meilleure cachette car les travaux étaient arrêtés et personne ne montait jamais au dernier étage. Mais moi je m'en fichais des bijoux d'Hélène, ce n'était pas la question.

— Je veux bien vous croire, Madame. Votre motivation était toute autre. Ce que vous vouliez, c'était vous incruster à la villa, pousser les Ballestier dehors, les chasser à leur tour de la maison qu'ils vous avaient interdite et sur laquelle vous aviez cristallisé votre rancœur, qui était devenue le symbole de vos vexations de gamine. Et cela Hélène avait dû le sentir, elle avait compris que vous étiez une menace pour sa famille et c'est la raison pour laquelle elle vous a demandé de partir.

— Vexations de gamine… répéta Lupita avec une ironie amère. On voit que vous ne les connaissiez pas. C'étaient des gens égoïstes, très méprisants sous le vernis de leurs bonnes manières. La mère, Irène, ça allait encore, mais les autres m'ignoraient ou me parlaient du bout des lèvres, sur un ton condescendant. Personne ne m'aimait dans cette famille…

— Pourquoi, vous n'étiez pas gentille ?

— Je n'étais pas humble. Ils me toléraient parce qu'Antoine n'avait pas d'autre petite compagne de jeux quand il était en vacances à la villa, et plus tard parce que j'étais devenue sa petite amie, mais ces gens étaient très snobs au fond. Très exclusifs. Les bourgeois préfèrent rester entre eux. Ils ont toujours peur qu'on les jalouse, qu'on en veuille à leur argent...

— Ce n'était pas votre cas ?

— Bien sûr que non.

— J'ai pourtant entendu parler d'un vol que vous auriez commis quand vous étiez adolescente.

L'ombre d'un sourire effleura le visage de Lupita :

— La panthère de Cartier ? C'est Antoine qui vous a raconté ça ? C'était un geste symbolique, une vengeance. Je l'ai toujours, la petite panthère...

— Il va falloir la rendre, dit sévèrement Margot. Avec tout le reste.

— Ce n'était pas un bijou de grande valeur. C'est Philippe qui en avait fait toute une histoire. Philippe, c'était le pire de tous, il me détestait, lui aussi me faisait sentir que j'étais de trop. Il me détestait déjà quand je n'étais qu'une petite fille, il ne pouvait pas supporter de me voir jouer avec Antoine.

— Philippe Ballestier vous détestait, vous détestiez Philippe Ballestier et c'est pourquoi vous avez aidé son frère à se débarrasser de lui...

Lupita en resta bouche bée.

266

— Pardon, Madame le Juge, intervint l'avocat, ce n'est pas l'affaire que vous instruisez. Je n'ai rien vu là-dessus dans le dossier.

— Maître, les deux affaires sont liées.

— Mais Antoine n'est pour rien dans tout ça, s'exclama Lupita, revenue de sa surprise, qu'est-ce que vous allez chercher ! Antoine, c'est un mou, une poule mouillée, il ne serait même pas capable d'écraser une mouche. Il vit dans le rêve, Antoine, il n'a pas les pieds sur terre. Vous pouvez me croire, Madame le Juge, j'ai agi seule. C'est moi qui ai tout fait, tout organisé.

Et curieusement, quelque part on la sentait fière d'avoir réglé ses comptes sans l'aide de personne, à la seule force de ses poignets et de sa volonté.

— Vous prétendez qu'Antoine n'était pas au courant ? Pourtant c'est bien lui qui avait loué le Range-Rover et c'est bien lui qui le conduisait pour perpétrer votre abominable crime.

— On a trouvé du sang de Philippe Ballestier sur les pneus, renchérit le lieutenant Moreau anticipant sans vergogne sur les résultats espérés du labo.

— C'est Antoine qui a loué le Range Rover mais il ne savait pas ce que je voulais en faire. Ce matin-là, c'est moi qui conduisais, c'est moi et moi seule qui ai écrasé Philippe. J'ai sorti le 4x4 tout doucement, en faisant attention de ne pas réveiller Antoine, et j'ai rattrapé son frère sur le sentier quelques minutes après son départ pour son jogging. C'était dur à faire, je n'y ai trouvé aucun plaisir, croyez-moi, mais je n'avais pas le choix : Philippe se doutait que j'avais tué sa sœur et il était sur le point de faire part de ses soupçons à la police. J'ai agi seule, je vous le jure. C'était une affaire qui ne regardait que moi. Antoine ignorait tout, il n'y est absolument pour rien.

À l'ardeur que Lupita mettait pour exonérer son ami, Margot eut l'intuition qu'elle craignait que sa vengeance, aux dimensions quasi mythologiques, ne soit réduite à un crime crapuleux, à une vulgaire histoire d'argent.

— C'est quand même lui le grand bénéficiaire, lui qui avait le mobile le plus évident. Il est à présent l'unique héritier de la fortune familiale. Les biens acquis par sa sœur et par son frère aîné, plus ce que leur avait légué les parents. Il hérite de tout.

— Tant mieux pour lui.

— En attendant, il a été placé en détention provisoire. Vous le saviez, ça ?

— Vous me l'apprenez.

— Si ce que vous dites est vrai, s'il n'est pour rien dans l'assassinat de son frère, un innocent est derrière les barreaux à cause vous.

— C'est pas moi qui l'y ai mis.

Margot ne savait que penser. Elle avait rarement vu une criminelle faire preuve d'autant de sang-froid, aussi indifférente au malheur d'autrui et aux conséquences de ses crimes pour elle-même. Lupita ne manifestait ni inquiétude ni remords. Au contraire, on la sentait détachée, *libérée*, non parce qu'elle était passée aux aveux mais comme si sa vengeance avait lavé sa honte.

— Mais enfin, Madame, vous aviez réussi, vous aviez pris une magnifique revanche sur la vie ! Pourquoi tant de ressentiment, tant de rancœur ? Pourquoi tous ces crimes, toutes ces vies gâchées ?

— Vous ne pourriez pas comprendre.

— Ce que je comprends, en revanche, et que vous ne semblez pas comprendre, c'est que vous avez assassiné deux personnes, dont une au moins avec préméditation, et que vous allez passer vos plus belles années, peut-être votre vie entière en prison.

— Je m'en fiche. Des vies, j'en ai déjà vécu plusieurs.

***

— Quel coup de théâtre ! s'exclama Margot quand elle se retrouva en tête à tête avec le capitaine. Votre adjoint, le lieutenant Moreau, a un vrai talent d'acteur !

— Plus que vous ne l'imaginez, Madame le Juge.

— Finalement, cette affaire aura été vite bouclée.

N'ignorant rien de la lenteur des procédures internationales, elle ajouta :

— Ce qui m'étonne, c'est que le mandat nécessaire pour ouvrir le coffre ait été délivré si vite. Je ne savais pas la Justice anglaise si réactive.

— La Justice anglaise n'y est pour rien, répondit Scarcelli, ce sont les hommes de Scotland Yard qu'il faut remercier. En réalité, le coffre n'a jamais été ouvert, les photos que vous venez de voir ont été trouvées dans le secrétaire d'Hélène. – Et il lui expliqua comment, avec l'aide de son collègue anglais, les photos avaient été montrées à la femme de chambre, laquelle avait reconnu les bijoux et déclaré les avoir vus sur sa patronne. – Ensuite, conclut-il, nous n'avions plus qu'à inventer un prétexte pour faire revenir la veuve Addington sur le sol français. Ça a marché comme sur des roulettes.

— Vos méthodes ne sont pas très orthodoxes, feignit de s'offusquer Margot, quoique très satisfaite au fond. Dans vos services, c'est entendu, vous faites ce que vous voulez, mais ce genre de coup de bluff dans le cabinet d'un juge d'instruction, vous conviendrez que c'est un peu limite.

— Sans ce coup de bluff, Madame le Juge, l'auteur de deux crimes effroyables aurait continué sa bonne vie tandis qu'un innocent aurait fini la sienne en prison.

— Mais qu'est-ce qui a bien pu se passer dans sa tête ? Elle est quand même extraordinaire, cette affaire. Une femme qui avait tout pour elle, la jeunesse, la beauté, la fortune…

— C'est une femme qui avait été humiliée. On peut oublier une injure, parfois même une trahison, mais une humiliation ne s'oublie jamais. Surtout quand on la subit très jeune, pendant l'enfance ou l'adolescence, à l'âge où on est le plus fragile.

— Tout de même, un tel orgueil, un tel déchaînement de violence ! Vous pensez qu'elle tient ça de ses origines espagnoles ?

— Je ne sais pas.

— Et il est fort possible qu'elle ait également tué son mari.

— Je ne crois pas, Madame le Juge. Mais je pense que la mort de son mari pourrait être à l'origine de toute l'affaire. Auprès de cet homme plus âgé, elle avait trouvé un soutien, la sécurité financière et, plus important encore pour elle, la sécurité affective. Quand il est mort, subitement, dans un accident stupide, comme une statue privée de son socle elle a basculé, ses blessures anciennes se sont rouvertes. Elle s'est retrouvée seule face à ses démons.

— Peut-être, Capitaine, peut-être.

Imprimé en France
Achevé d'imprimer en décembre 2022
Dépôt légal : novembre 2022

Pour

Le Lys Bleu Éditions
40, rue du Louvre
75001 Paris